说的艺术

跟名人学口才

王治国　李洪伙 ◎ 编著

化学工业出版社
·北京·

或许你叹服那些左右逢源的名人张口就来谈笑风生的表达，你固执地认定这些明星就是上天的宠儿。其实，他们的招招式式，都是有套路可循、有方法可练，妙语生花的口才并非天生，而是经过日复一日的训练得来。我们追随和查阅了500多位明星的大量采访资料，编写了该书。本书，力邀全国专门研究说学理论的专业期刊《演讲与口才》杂志社的专业团队亲自操刀，将明星口语表达的真实案例还原并提炼技巧精华，让本书接地气，更简单、简洁、实用。

图书在版编目（CIP）数据

说的艺术：跟名人学口才/王治国，李洪伙编著.
北京：化学工业出版社，2016.9
ISBN 978-7-122-27439-7

Ⅰ.①说… Ⅱ.①王… ②李… Ⅲ.①口才学-通俗读物 Ⅳ.① H019-49

中国版本图书馆CIP数据核字（2016）第143313号

责任编辑：郑叶琳　　　　　　　　　　　　　封面设计：张　辉
责任校对：战河红

出版发行：化学工业出版社（北京市东城区青年湖南街13号 邮政编码100011）
印　　装：三河市双峰印刷装订有限公司
710mm×1000mm　1/16　印张14½　字数110千字　2016年9月北京第1版第1次印刷

购书咨询：010-64518888（传真：010-64519686）　售后服务：010-64518899
网　　址：http://www.cip.com.cn
凡购买本书，如有缺损质量问题，本社销售中心负责调换。

定　价：38.00元　　　　　　　　　　　　　　　　　版权所有　违者必究

目录 Contents

第一章 出言不凡，就要给人信任感

001

很多时候，我们在某次聚会中，碰到某个好像很熟的人，如果只是停留在点点头或彼此相对一笑，没有更深层次地交流，这样的朋友再熟也只是"点头之交"。如果你想交这个朋友，那就走向前，与他搭讪几句！优秀的交际口才来自于敢讲、多讲、善讲。如果你能发现适合彼此交流的话题，就能迅速让对方感到自在，甚至愿意吐露内心的想法，这会使你在之后的交流中获得主动。要记住，巧舌如簧不由天，勇敢开口才是拥有好口才的第一步。

第1节 勇敢开口，亮出最"炫"的自己 // 002

  名嘴教练 林清玄"毁自己" // 003
         易中天"炒萝卜" // 005
         郑渊洁"当懒汉" // 007

第2节 不吝赞美，打开交际的第一扇门 // 010

  名嘴教练 吴宗宪贬中带褒点赞 // 011
         梁宏达抑扬结合赞美 // 013
         贺炜诗情画意评说 // 015

第3节 换位思考，用情感浸润对方心田 // 018

  名嘴教练 周杰伦求人不提旧日恩 // 019
         何炅换位思考语见智 // 021
         曹可凡话糙意正道心曲 // 022

第4节 积极言说，把正能量传给身边人 // 024

  名嘴教练 刘欢为孙楠指点迷津 // 025

　　　　　　　　林志炫让自己淡泊从容 // 027
　　　　　　　　罗志祥理性辨析激人心 // 029

　　第5节　笑里有话，让人笑过之后记住你 // 032
　　　　名嘴教练　俞敏洪幽默开场引人乐 // 033
　　　　　　　　罗永浩快人快语入人心 // 035
　　　　　　　　于丹笑语反戈明事理 // 037

　　第6节　敢言人先，不做人云亦云的复读机 // 039
　　　　名嘴教练　茅于轼言为心声话为枪 // 040
　　　　　　　　郎咸平语不惊人死不休 // 042
　　　　　　　　贾平凹面对吹捧不昏头 // 044

　　第7节　心怀善念，说出善言结出善果 // 047
　　　　名嘴教练　邵逸夫正面回应谈善行 // 048
　　　　　　　　冯小刚推心置腹论友情 // 050
　　　　　　　　姜文善言善语说创作 // 052

第二章　恰当得体，好人缘就会属于你

055

混迹朋友圈，赢得好人缘的方法十分简单。只要掌握"镜面法则"，自然会让你大有点赞者。你如何待人，通过镜面折射，别人也会如何待你。

　　第1节　巧言抚慰，说话要把别人放在心上 // 056
　　　　名嘴教练　李彦宏劝慰失落青年 // 057
　　　　　　　　柳传志从细节处弥补 // 059
　　　　　　　　张瑞敏宽解问题员工 // 061

　　第2节　借题发挥，借来奇效生发佳果 // 064
　　　　名嘴教练　汪涵借"俗"应俗 // 065
　　　　　　　　李响以"毒"攻毒 // 067
　　　　　　　　金星借"事"说理 // 069

目录

Contents

第 3 节 坦率言说，让话语更富亲和力 // 072
    名嘴教练　莫言说真话启人心扉 // 073
                毕淑敏讲实话坦率真诚 // 075
                周国平聊闲话缩短距离 // 077

第 4 节 谨言慎行，坚持背后说人好话 // 080
    名嘴教练　孟非背后夸乐嘉 // 081
                鲁豫正面评李咏 // 083
                沈星夸人花样多 // 085

第 5 节 明道说理，说话也要坚守底线 // 088
    名嘴教练　梁朝伟"要做真汉子" // 089
                韩寒不逼同行成冤家 // 091
                王宝强"傻人有傻福" // 093

第 6 节 笑对非议，言语之间吐纳胸怀 // 096
    名嘴教练　余秋雨意味深长对非议 // 097
                孔庆东伶牙俐齿化干戈 // 099
                余光中智慧幽默巧解疑 // 101

第 7 节 巧求妙劝，让对方顺遂心意 // 104
    名嘴教练　徐悲鸿三请齐白石 // 105
                张漫劝齐秦上《我是歌手》// 107
                吴军为周迅找回自信 // 109

第三章　说服别人，"怎样说"比"说什么"重要

111　要想说服一个人，说话的方式其实比所说的内容更为重要。内容无非就是让他妥协，但怎么说才能让他妥协更为重要。

也就是说，"怎么说"比"说什么"更加重要，因为相同的意思，用不同的方式说出来，其效果绝对是不一样的。"怎样说"包括说话者的态度、说话的技巧、说话的方式、说话的场合，这是一种内外结合的修为。

第1节 实话实说，直抒胸臆动人心 // 112

名嘴教练 张嘉译用实话温暖孙俪 // 113
徐静蕾实话实说回应非议 // 115
吴秀波说实话坦露心迹 // 117

第2节 现身说法，真实可信赢人心 // 119

名嘴教练 王菲以真实示人 // 120
林志颖以喻说理 // 122
张韶涵与母亲言归于好 // 124

第3节 思辨言说，辩证深刻入人心 // 127

名嘴教练 潘石屹充当和事佬 // 128
冯仑智语道心得 // 130
唐骏赤手"空降兵" // 132

第4节 善作比照，跳出藩篱暖人心 // 135

名嘴教练 倪萍比照看得失 // 136
乐嘉趣言解人围 // 138
撒贝宁开场涮李静 // 140

第5节 真话直说，明辨是非亮于心 // 143

名嘴教练 马云直言相告 // 144
史玉柱一针见血 // 146
乔布斯忘掉人我之异 // 148

第6节 正话反说，反向言说乐于心 // 151

名嘴教练 郭德纲调侃"艺术家" // 152
赵本山激将"山丹丹" // 154
吴君如坚做"女版周星驰" // 156

目录
Contents

第 7 节　从容应对，纵横捭阖谈兴浓　// 159

  名嘴教练　　韩寒人危之时扶一把　// 160
      郭敬明得理也要息事宁人　// 162
      海岩言谈善"借"论人生　// 164

第四章　提升自我，强化自己的人脉圈子
167

我们都曾抱怨过自己的某个朋友不够义气，遇到什么事不仅不帮忙，反而"躲猫猫"。放在以前，我也会同情这些抱怨的人，但是现在，我觉得别人之所以在你低谷时远离你，或许是你之前也有过类似的行为。当你悲叹自己的人脉圈子脆弱，没有人能被称为"铁磁"的时候，你应该反省一下啦！到底你这个"铁磁"做得合不合格？

第 1 节　勇于担责，永远做负责任的人　// 168

  名嘴教练　　成龙道歉除误解　// 169
      黄渤担责化指责　// 171
      姚晨正人先正己　// 173

第 2 节　言语退让，不强争无谓的胜利　// 175

  名嘴教练　　窦文涛勇敢面对指责　// 176
      林志玲不引人"顶牛"　// 178
      周立波叫停"口水战"　// 180

第 3 节　自谦示人，做人要低调不张扬　// 182

  名嘴教练　　孙红雷谦言谈名利　// 183
      李玉刚人红不遭嫉　// 185
      章子怡虚心说感言　// 187

第 4 节　自我解嘲，娱己悦人言语生辉 // 190

　　名嘴教练　　白岩松以趣解窘 // 191
　　　　　　　　李咏幽默答辩 // 193
　　　　　　　　王小丫贬己娱人 // 195

第 5 节　甘当绿叶，让别人拥有自豪感 // 198

　　名嘴教练　　于谦甘心"受挤兑" // 199
　　　　　　　　岳云鹏甘做"白菜根" // 201
　　　　　　　　吴孟达练就"黄金配角" // 203

第 6 节　成事不说，做事不能轻言批评 // 206

　　名嘴教练　　刘墉责己恕人 // 207
　　　　　　　　梁凤仪揽过于己 // 209
　　　　　　　　高建群自愈伤痕 // 211

第 7 节　智语应对，谈笑间灰飞烟灭 // 214

　　名嘴教练　　韩庚模糊应对 // 215
　　　　　　　　那英自嘲心虚 // 217
　　　　　　　　比伯从善如流 // 219

第一章 出言不凡，就要给人信任感

很多时候，我们在某次聚会中，碰到某个好像很熟的人，如果只是停留在点点头或彼此相对一笑，没有更深层次地交流，这样的朋友再熟也只是"点头之交"。

如果你想交这个朋友，那就走向前，与他搭讪几句！

优秀的交际口才来自于敢讲、多讲、善讲。如果你能发现适合彼此交流的话题，就能迅速让对方感到自在，甚至愿意吐露内心的想法，这会使你在之后的交流中获得主动。要记住，巧舌如簧不由天，勇敢开口才是拥有好口才的第一步。

第1节　勇敢开口，亮出最"炫"的自己

| 名嘴教练 | 林清玄"毁自己"
易中天"炒萝卜"
郑渊洁"当懒汉" |

本书的作者李洪伙（伙哥）在一次演讲中称："交际，就是'卖'自己！"诚如他所言，与人交际，其实就是一种"推销"自己的行为。只有将自己展示给对方，让对方感觉你"有所值"，才会与你"有所交"。

这说明，我们应学会让对方消除对我们的陌生感。我的经验是：勇敢开口，亮出最"炫"的自己！

第1讲

名嘴教练：
林清玄（中国台湾著名作家、散文家）

技巧提炼：林清玄"毁自己"

一次，中国台湾文学大师林清玄应邀到某高校与学子面对面交流。在热烈的掌声中，他快步走到舞台中央，瞧了一眼校方专门为他布置的座椅和讲台，坚持站在舞台上，手执话筒与学生交流。他首先开口讲道："我站着讲话，这样你们就可以看到我英俊的样子！我刚才进来的时候，听到有两位同学在交谈，一位说：'看！是林清玄，林清玄啊！'另一位接话道：'林清玄怎么长成这个样子？'告诉各位同学，如果你们坚持写作，到五十岁能像我这么英俊就不错了。曾经我去演讲，完了之后有一位很漂亮的女孩塞给我一封信，我当时很兴奋，回到酒店打开一看：'亲爱的林老师，我觉得您像周星驰电影里的火云邪神。'（听众大笑）几天以前，我到岳阳，当地作协派一位女作家来接我，女作家一见我，大吃一惊：'领导让我来接中国台湾的女作家，怎么是你？'原来他们以为林清玄是一个女的。我是一个男作家，不是女作家，现在验明正身。"

林清玄话还没说完，就已把台下的师生们逗得前仰后合，大家对这位著作等身但毫无架子的大作家更多了几分亲近。

林清玄作为声名远播、备受学子喜爱的作家，没架子、不摆谱，在交流伊始敢于"自毁形象"，拿自己的秃顶、瘦削开涮，不仅彰显了一位公众名人以诚待人的勇气，也体现了他朴实低调的本色，更是一种自信的表现。在众目睽睽之下，他采用一种揶揄的、戏谑的、自我解嘲的言说亮相登场，他的这种自嘲不但没有使自己在听众心目中的形象失分，反而拉近了与听众的距离，让万千学子对这位大作家更多了几分信任感和好感。

林清玄给我们这样的启示

1. 与其让别人嘲笑你，不如自我解嘲。这是玩幽默时最安全的方法。敢于拿自我开涮的人往往是自信、大度的人，更易给人以亲近感和信任感。

2. 人际交往离不开信心和勇气，尤其是面对陌生的听众，在大庭广众之下亮相本身便是一种勇敢的表现。即使是天生没有四肢的澳大利亚人尼克·胡哲都敢登上讲台，游走于世界各地，更何况你我呢？

3. 如果你在自嘲的时候，能将听者也牵扯进来，会更容易混个脸熟。林清玄自嘲的信息来源是"听两位同学在交谈"，场景一下子就被拉到了现场中，这样下面就聊得熟络多了。

第Ⅱ讲

名嘴教练：
易中天（著名作家、学者、"学术超男"）

技巧提炼：易中天"炒萝卜"

一次，厦门大学易中天教授应邀到上海参加"文化讲坛"，讨论"传统文化的现代理解"。会上，主持人开门见山提问易中天："您曾经说过，历史是一个发酵的过程，是'蒸出来的热气腾腾的白馒头'。当您端出这个'馒头'的时候，很多大学的中文系教授觉得这个'馒头'可能不好吃，但是老百姓还是非常喜欢您的风格。对于这种反差，您是怎么想的？如果以后这个争议太大的时候，您还会非常优雅地继续做您的'白馒头'吗？"

易中天侃侃而谈："呃，你的问题呢，里面有点问题（全场笑）——就是这种所谓'很大的争议'。我个人的看法，这是媒体制造出来的。其实根本就没有很大的争议，也没有什么我的同行说这'馒头'不好吃。（全场笑）因为首先我就没那个同行的'行'。我是中文系的教师，但是我讲历史，结果是我跟历史系的人不是同行，跟中文系的人也不是同行。（全场笑）……一开始我就想得很明白：我就是一根'大萝卜'。我讲萝卜的三大好处，第一是草根，第二是健康，第三是怎么吃都行，说得好听叫雅俗共赏。其实萝卜还有一个好处，什么呢？它不怕炒。一根白萝卜要炒红了，那是红萝卜（全场笑），炒黄了是黄萝卜，炒糊了那是'胡萝卜'（全场大笑），那不还是一根萝卜嘛！如果你们要是看了，还看不顺眼，要来批，那你们唇枪舌剑尽管来，就算把我剁成泥，还是萝卜泥嘛。"（全场大笑）

易中天之所以有"学术超男"之誉，源于他在讲述历史时那种"麻辣味"。他因新潮、轻松的语言风格而满足了广大电视观众的胃口，备受普通民众热捧，也饱受一些正统的"学院派"诟病。主持人的提问一针见血，让易中天无法回避，他以形象的比喻和幽默的言说，在回应质疑中精彩亮相，将自己比作可以随意烹饪的萝卜，让民众更清晰地认识到了一个豁达而睿智的易中天。

易中天给我们这样的启示

1. 易中天在聊天中"炒萝卜"其实就是"炒自己"。面对别人对他观点的质疑，他虽然很"委屈"，但他抱怨的方式是比喻。讽喻的好处就是，不会制造直接矛盾和冲突，缓和谈话氛围，暗示对方"你错了"。

2. 越是别人不认同我们，我们越要以柔克刚。尽可能地表现自己的雅量，最好能玩点幽默，让自己风度翩翩，这是我们赢的唯一突破口。

第Ⅲ讲

名嘴教练：
郑渊洁（著名童话作家）

技巧提炼：郑渊洁"当懒汉"

郑渊洁，1955年出生于河北一个军人家庭。他是著名的童话作家、慈善家、演讲家，以一个人写一本月刊25年成为世界纪录保持者。1977年，他选择用母语写作作为谋生手段，是1985年创刊至今的《童话大王》半月刊的唯一撰稿人，其作品总字数达2000万字。2009年，他以2000万元的版税收入，荣登中国作家富豪榜首宝座。

一次，某周刊记者对"童话大王"郑渊洁进行访谈。当记者问他"为什么选择写童话"时，他毫不讳言，说："我是懦夫，不敢像刘胡兰那样为改变世界献身，就通过写童话逃避现实。"记者又问他："您为什么创办《童话大王》月刊？"他哈哈一笑，回答道："我心胸特别狭窄，已经狭窄到不能容忍和别的作家在同一报刊上同床共枕。"记者再向他表示："你一个人将《童话大王》月刊写了20多年，不可思议！"郑渊洁笑道："这是懒惰的表现。写一本月刊写了20多年都不思易帜，懒得不可救药。"记者抛出最后一个问题："如果让你给自己写墓志铭，你怎么写？"他回答得更绝："一个著作等身的文盲葬于此。"

敢于承认自己的"不优秀"，恰恰是一个优秀之人的自信表现。面对记者的提问，郑渊洁出语不凡，非但没有按照常规方式进行回答，反而正话反说，说自己是"懦夫""心胸特别狭窄""懒得不可救药""一个著作等身的文盲"，言来语往间，将他投身童话事业的决心，以及面对荣誉及成绩的淡泊和谦虚表达得淋漓尽致，一个"老顽童"的形象跃然而成，令人在忍俊不禁之余，敬意油然而生。

郑渊洁给我们这样的启示

1. 有个成语叫抛砖引玉。"引玉"是目的，"抛砖"是为了达到目的的手段。在与人的交际中，欲表现自己的优秀品质，可以通过阐述自己的缺点引出优点。把优点当缺点说，低调才是最高明的炫耀！

2. 看待问题并非只有一个直来直去的角度，要学会反面去思考和对待别人提出的问题。郑渊洁用的方法便是"正话反说"，他表面的意思和心里的想法是完全相反的。正是如此，他一语中的地揭露了问题的本质。让人一目了然且感同身受，很容易接受他的观点，从而获得了满堂喝彩。

名嘴交际技巧笔记

1. 男生女生之间的交往，都追求"一见钟情"；其实交朋友也是如此。做足第一印象的功课很重要。网络上流行这样一句话：有些人一举手、一投足、一开口，你就知道跟他八辈子也不会成为朋友；而有些人只是打了个照面，就会有相见恨晚的感觉。人与人之间的气场真奇怪，与其说是第一感觉，不如说是一击即中。

2. 跟人交际、交流时，开口说话的目的就是给对方留下好印象，进而增进沟通的距离。如果你不懂得如何舌绽莲花，那么就牺牲一下自己，玩点幽默自嘲，让对方开心好了。

第1节 勇敢开口，亮出最"炫"的自己

第2节 不吝赞美，打开交际的第一扇门

> **名嘴教练**　　吴宗宪贬中带褒点赞
> 　　　　　　　　梁宏达抑扬结合赞美
> 　　　　　　　　贺　炜诗情画意评说

我们在很多场合很多次听到有人这样嘲笑另一个人："你这个人好虚荣啊。"大多数时候，我们把"虚荣"理解为贬义词。其实，"虚荣"是人类最基本的心理活动。这是我们自尊心理的一种需求，也是渴望别人对自己认可和赞扬的一种追求。赞美是一种以最低成本获得最高回报的人际交往法宝。它不仅能让人感到骄傲和自信，也会让听者对你的肯定和重视心怀感激。

理解了这些，再谈"赞美"这一交际技巧，就显得简单多了。每个人都有自己的闪光点，当我们找到这些能激发起别人谈话兴致的亮点时，自然就能以它们为话题，不动声色地给人一顶舒服的"高帽子"，让交谈的气氛活跃起来，为以后的交往铺平道路。

第1讲

名嘴教练：
吴宗宪（中国台湾著名主持人）

技巧提炼：吴宗宪贬中带褒点赞

中国台湾综艺界天王吴宗宪，凭借其独特的"吴氏搞笑风格"而红遍海内外。吴宗宪反应快速与机灵滑头堪称一流，语言俏皮幽默，让人忍俊不禁且回味悠长：

一次节目中，某嘉宾是学服装设计的，她设计了几款春装，造型很另类，吴宗宪让她穿着它走台步。紧接着吴宗宪用很正统的服装发布会主持人的口吻一本正经地解说道："接下来您看到的是今年最新的春装，穿上他们——"

在背景音乐和灯光的渲染下，嘉宾款款出场，正当大家的情绪都进入一场服装表演的氛围中时，吴宗宪却话锋一转："——你会觉得，生命没什么意义。"台下一阵爆笑。

走完台步时，吴宗宪走到女嘉宾面前，目光停在了她的脚上，问："这双球鞋也是自己设计的？"

"这个不是啦，我在店里买的。"

"全身最漂亮就是这双球鞋！"

这个善意的调侃，连女嘉宾也被逗乐了，现场洋溢着一种轻松、坦率的气氛。

吴宗宪很幽默，甚至有点"坏"，通过善意的调侃来拉近彼此间的距离、营造融洽的现场气氛是他的常用手法。在这个简短的环节里，他便虚贬实扬，用"声东击西"法发射出了两颗"笑弹"：①他故意营造出一种正统的气氛，将观众的心理期待引至一个合理的方向，等你已经进入这种情绪的时候，他又突然来个180度大转弯，比如，当大家期待着一场服装表演时，他却突然以"生命没什么意义"将观众的情绪强拉回来，拿设计师的作品为料，为观众烹调出设计之美味；②当大家都把注意力集中到鞋子上时，他又冷不丁地就设计师的审美开了一次涮，实则赞美其设计的别出心裁，声东击西，出其不意，这种故意制造情绪反差的幽默手法，"笑果"颇佳。

吴宗宪给我们这样的启示

1. 明贬实褒、寓褒于贬。迂回夸人可能会让赞美听起来更有趣、更过瘾！

2. 赞美要有所依据，要夸得实际。吴宗宪夸人时抓住实物"球鞋"，而这正是对方的得意之作。毫无根据的赞美，会使人感到你虚情假意，进而产生反感。

3. 无论赞美还是批评，语带善意更利于对方接受。善意是人际交往的一把钥匙，也是赞美最基本的法则。

第Ⅱ讲

名嘴教练：
梁宏达（著名媒体评论人、电视节目主持人）

技巧提炼：
梁宏达抑扬结合赞美

梁宏达担任一档体育节目的嘉宾时，主持人曾问梁宏达："你觉得谁是当今跳水界里的第一美女？"梁宏达笑着答道："曾经有人跟我说，说体坛大美女是郭晶晶，我说不对，郭晶晶眼睛有点偏细、偏小。可是这次看跳水比赛的时候我就发现，生活当中郭晶晶有时候照那种明星照，我都不觉得她有多漂亮，可是在跳板上，你看她跳下去再上来，轻轻地捋一下头发，一甩，这水珠往后一洒，然后眼睛往旁边一飘的时候，当时我真像赵本山的小品里一样，飘得心里乱七八糟的。就那个时刻，我觉得她特别特别美！再说，郭晶晶不仅人长得标致，而且技术更美、更精湛。你看外国选手有很多你都能看出笑话来，他们经常是这个个头跟姚明似的，那个跟潘长江似的。先不说这些人相貌怎样，就说这么俩人跳水行不行——姚明的脑袋进水了，潘长江还在空中蹬着腿呢！"

郭晶晶是位体坛巨星，评论她，如果全然高度赞美，显得有吹捧之嫌。对此，梁宏达却另辟蹊径：①他先是欲扬先抑，故意说郭晶晶"不好"，然后又用俏皮话——"她轻轻地捋一下自己头发的时候，当时我真像赵本山的小品里一样，飘得心里乱七八糟的。"把郭晶晶的美呈现在大众的面前，让人舒服，同时自己也很好地夸赞了郭晶晶；②接着，他又拿外国选手开涮，搞笑味十足，把本来乏味的点评变得妙趣横生，让观众在笑声中回味无穷。

梁宏达给我们这样的启示

1. 欲扬先抑的赞美技巧:"抑"得越到位,"扬"起来往往越带劲儿。

2. 赞美别人应当注意:使用过多的华丽辞藻,过度的恭维、空洞的吹捧,只会使对方感到不舒服、不自在,甚至肉麻、难受、厌恶,其结果是适得其反。

第Ⅲ讲

名嘴教练：
　　　　　贺炜（著名主持人）

技巧提炼：贺炜诗情画意评说

贺炜是 CCTV5 著名主持人、足球解说员。除了在足球专业知识方面的评论准确到位外，他在场上脱口而出的评价也是极其到位、亦庄亦谐，端庄时直指人心，幽默时令人忍俊不禁。

一次，在解说南非世界杯时，由于该届比赛从一开始就误判不断，而到八分之一决赛英格兰队对阵德国队时，问题发展到了极致。在德国队2比1领先时，英格兰队兰帕德的吊门击中门楣并弹在了地面上，主裁判拉里昂达示意比赛继续，但慢镜头显示，皮球已经越过门线足有1米，引起了巨大的争议。上半场结束时，贺炜在总结时说："这是牵动人心的45分钟，总有一支球队离开，这场比赛将成为我们记忆中的永恒财富。等我们老去的时候，在壁炉边抱着自己的孙子，一定会跟他们讲起今天的英德大战。"在西方，壁炉常是外交或私下谈判的地方，也是人们友好交往、情感交流的场合，有时也是家庭的核心区域。总之，壁炉是一种感情的象征，关系着爱、温暖、友谊，它已超越了简单的实用功能而呈现出特有的文化功能。其实，贺炜是借助了巴顿的名言来总结上半场，巴顿的原话是这样说的："当你在壁炉边，孙子坐在你的膝盖上，问你：'爷爷，你在第二次世界大战时干什么呢？'你不用尴尬地干咳一声，把孙子移到另一个膝盖上，吞吞吐吐地说：'啊……爷爷我当时在路易斯安那铲粪呢。'与此相反，弟兄们，你可以直盯着他的眼睛，理直气壮地说：'孙子，爷爷我当年在第三集团军和那个狗娘养的乔治·巴顿并肩作战呢！'"

比赛结束时，贺炜深情地说："德国队以三球的优势战胜了英格兰队，胜负已分，结局已定，历史的篇章这一段已经写完，但英德在世界杯历史上永恒的对抗将延续下去。""……我们想想吧，此时此刻，在柏林，在慕尼黑，在纽伦堡，在科隆大教堂，肯定有无数的德国球迷为之欢欣鼓舞；而在伦敦，在利物浦，在曼彻斯特，在泰晤士河边的小酒馆，也有无数的英格兰球迷为之黯然神伤。不过，让我的内心感到无比欣慰的是，在生命中如此有意义的一个时刻，在今天晚上，我们能够一起来经历，共同分享。这是我的幸福，也是大家的幸福。"贺炜的这段解说让英、德球迷感动。贺炜将解说幻化成诗，让比赛更加精彩，也让足球运动"足下生辉。"

这里，贺炜把观众带进比赛本身，与观众同喜同悲，激情四射。他的解说与整场比赛浑然一体，为比赛增色不少。这场比赛注定将成为经典，正是贺炜温情的解说为这场经典比赛增添了一个华丽的音符。纵观英德之战，贺炜的解说妙语不断，口吐莲花，既充满诗情画意又让人激情澎湃。也就是从这场比赛后，他被誉为：诗人贺炜。

贺炜给我们这样的启示

1. 在谈话中适当引用一些名人名言，能使你的口才增色不少。

2. 赞美别人的口才并非天生，与平时的积累与深厚修养密不可分。我们应该这样去下工夫：发动"人肉搜索"，去探知别人希望你怎样对待他，你就怎样对待他。因此，赞美之前要了解对方，弄清对方希望怎样被夸奖。

名嘴交际技巧笔记

1."尺有所短，寸有所长"，每个人都会经常碰到自己迈不过的坎。每当这时，我们就会变得特别不自信，怎样才能重新振作起来呢？我们不妨赞美其曾引以为傲的经历和表现并给予鼓励，效果往往非常显著。

2. 还有一种赞美方法叫转述赞美，即通过引述第三者的赞美来赞美。这样做的好处有二：一是显得赞美更加真实，二是可以起到双重赞美的效果。

3. 赞美他人的时候，我们不必过多地在对方的人品或性格上下工夫，这容易浮夸，而应该针对其过去的事迹、行为、其身上的优点或者现在引以为豪的作品上，既要夸得其法，更要夸得其所。

第3节 换位思考，用情感浸润对方心田

名嘴教练
周杰伦求人不提旧日恩
何　炅换位思考语见智
曹可凡话糙意正道心曲

如果你抱怨：为什么没有人懂我，理解我，安慰我？那你有没有想过，你又去理解过谁？你有没有站在对方的立场上体验和思考问题，从而与对方在情感上得到沟通，为增进理解奠定基础？

换位思考是一种心胸豁达的表现，在人际交往中会使你变得更加有亲和力。不但会减少诸多不必要的人际摩擦，而且在与人发生不愉快时，也能够帮你迅速消弭人际裂痕，重新找回失落的友谊。

第1讲

名嘴教练：
周杰伦（歌手、导演）

技巧提炼：周杰伦求人不提旧日恩

在一次采访中，罗志祥曾这样评价周杰伦："杰伦是个重义气的人，做他的朋友很幸福。"

周杰伦的好人缘一直被人津津称道。正如罗志祥对周杰伦的评价——做周杰伦的朋友很幸福，因为周杰伦是这样对待朋友的：

在2015年《中国好声音》第四季小组四强争夺战时，周杰伦邀请了著名歌手张惠妹作为自己团队的梦想导师，一同指导自己的学员。而之前传得沸沸扬扬的陈奕迅助阵周杰伦做其团队的梦想导师，则因档期问题没能实现。这次选定张惠妹后，周杰伦的助理很兴奋，因为前不久，在张惠妹的巡回演唱会上，周杰伦倾力助阵，让她的演唱会锦上添花。助理高兴地对周杰伦说："你帮了那么多次阿妹，这次她肯定会来帮你，档期问题不用愁啦！"说完，准备去帮周杰伦打电话邀请。而周杰伦却阻止道："阿妹很忙，但我们邀请她，是因为她具备这个实力，能为学员提供最专业的指导。现在是我们有求于人，一提旧恩，就变成了我们向她索要回报，这会给她带来压力，让她为难。而且，即使她愿意帮助我们，好像也变成了理所当然，还有可能引起她的反感。所以，还是不提旧恩为好。"而且，周杰伦不打算电话邀请，而是亲自去拜访张惠妹，送上真诚的邀请。张惠妹知道后，感佩不已。

我们常常说要知恩图报，但正如英国诗人堂恩所说：每一种恩惠都有一枚倒钩，它将钩住吞食那份恩惠的嘴巴，施恩者想把他拖到哪里就得到哪里。

而周杰伦的不提旧日恩，就避免了这枚"倒钩"的出现，不以过去的恩惠给张惠妹带来压力，这种宽广、大度的胸怀以及体谅、理解他人的气度，很值得我们学习。

周杰伦给我们这样的启示

1. 一个"朋"字，"二月"相照，朋友之交，互取光芒。朋友就应该相互关心、相互关注、相互支持，像恋人一样用心对待彼此。因为，朋友之事无小事。

2. 求人办事也要一码归一码，不能拿以前帮过别人的恩惠作为求人的砝码。

3. 站在对方的立场上，多为对方考虑，做到"予人者不骄，受人者不畏"。

第Ⅱ讲

名嘴教练：
何炅（湖南卫视著名主持人）

技巧提炼：何炅换位思考语见智

在何炅主持《快乐大本营》期间，一次中国台湾著名音乐人伍佰来到现场，并为自己的新专辑《太空弹》做宣传。伍佰戴着一副墨镜，很酷，但也导致难以体察他的表情，给沟通带来障碍。谢娜试图说服伍佰摘下墨镜，伍佰笑笑，婉拒了她的要求。而何炅机智地对伍佰说："在大家的印象里，你一直都是戴着墨镜。观众都想一窥你的庐山真容，倘若你摘下墨镜，观众看清了真实的你，才不会像在'太空'一样，如堕入云雾里。"伍佰一笑，终于摘下墨镜示人。

伍佰是个富有才华的音乐人，一向神秘而低调，戴墨镜出入各种场合一直是他不变的风格。一个人越是神秘，越会激发起别人的窥探欲望。在谢娜一招不灵，吃了伍佰的闭门羹后，何炅巧接话题，从伍佰的新专辑着手，分别站在观众和伍佰的角度入手，劝他摘下墨镜呈现全貌，那样观众才不会像身处太空一样迷糊，终于说服了伍佰摘下墨镜，从而达到了巧妙救场的目的。

何炅给我们这样的启示

1. 站在他人角度去表达自身诉求，往往更能令对方愉悦接受。当你不能理解别人思考问题的方式，你就不能切身理解别人的行为模式，也就更谈不上做真正的换位思考。

2. 换位思考的实质，就是要求我们要设身处地为他人着想，即"想人所想，理解至上"。

第Ⅲ讲

名嘴教练：
　　曹可凡（著名主持人）

技巧提炼：曹可凡话糙意正道心曲

　　曾主持过东方卫视《舞林大会》《加油！好男儿》《可凡倾听》等节目的曹可凡是上海主持界名副其实的"荧屏一哥"。他的主持忽而犀利幽默，让人捧腹大笑；忽而不苟言笑，让人肃然起敬。他用词随性，但"话糙意正语不凡"。总是能换位思考的他，说话恰到好处。

　　曹可凡曾和新锐主持王冠搭档主持《舞林大会》，王冠也荣幸成为他的首位关门弟子。一个访谈节目中，主持人问道："看完《舞林大会》，大家觉得王冠有一个蜕变，就觉得她成熟了很多，不知道曹老师对王冠最近的进步怎么看？"曹可凡说："她非常谦虚，无论对导演、前辈、同辈都非常谦虚。她也很好学。主持人是一个很自我的职业，每个主持人都觉得自己非常了不起。走在大街上总会有人认识你，有回头率。因此，主持人非常容易放大自我。所以，能够保持这种比较洒脱的心态，不太追求名和利，是她非常好的优点。"

　　世本无先觉之验，人贵有自知之明。法国作家司汤达说过——人越是高贵，对自己的评价就越是谦虚。但是现实社会中，很多人一旦成名，便会整日沉迷于名利的光环之中，飘飘然，只想着被人前呼后拥。殊不知，这是为自己日后的"糜烂"埋下祸根。在徒弟面前，曹可凡真诚相告，"警戒"王冠做主持人不要放大自我。

曹可凡给我们这样的启示

1. 荣誉面前，学会淡然，谦虚才是我们进步的原始动力。

2. 很多时候，我们改变世界很难，改变自己却很容易。当我们换位思考的时候，问题往往会变得简单起来。站在他人的角度为别人出谋划策、公正评说，无疑也是在提升自我的人格魅力。

名嘴交际技巧笔记

在交际中，尤其是与人产生矛盾、闹了别扭后，要多从他人的角度出发，由己及人进行换位思考。

1. 不妨先这样问问自己：如果换成我，他这样对待我，我能不能接受？他这样对我说话，我会不会高兴？我希望对方如何对待我？如果能这样换位思考一番，那么，相信你的言行就会少些锋芒，多些平和，从而减少不必要的人际摩擦。

2. 如果我们总是站在别人的角度思考问题，许多冲突和矛盾都可以避免。

第4节 积极言说，把正能量传给身边人

> **名嘴教练**　　刘　欢为孙楠指点迷津
> 　　　　　　　林志炫让自己淡泊从容
> 　　　　　　　罗志祥理性辨析激人心

一个女孩，由于身体纤弱，每次体育课跑步都落在最后。这让好胜心极强的她感到非常沮丧，甚至害怕上体育课。妈妈安慰道："没关系，你年龄最小，可以跑在最后。不过，你要记住，不贪为宝，凡事都有一个度和量，下一次你的目标就是：只追前一名。"女孩记住了妈妈的话，再跑步时，她就奋力追赶前面的同学。结果从倒数第一名，到倒数第二、第三……半年下来，她慢慢喜欢上了体育课。

妈妈用积极的话语指出了女孩的目标，让她感受到了希望，从而使负面的情绪消失殆尽。我们都喜欢和积极、阳光的人交流、交往，因为这些人善于从正面看待问题，从而积极引导我们，让交流顺畅，让交往快乐。

生活中，我们身边的人常常因为这样那样的原因，心头阴霾密布、顾虑重重，或裹足不前、或局促不安。这时，如果我们能用积极、正面的话语拂去其心头的阴霾，带给对方力量，影响和引导他们，让其信任你，需要你。

第1讲

名嘴教练：
刘欢（流行歌手、华语乐坛"音乐教父"）

技巧提炼：刘欢为孙楠指点迷津

孙楠是中国内地乐坛极具实力的男歌手之一，被一些歌迷推崇为"内地乐坛一哥"。大家也常常拿他与"歌坛大哥大"刘欢相提并论。

孙楠的父亲是音乐老师，母亲是歌舞团演员。孙楠从小就痴迷音乐，而且非常崇拜著名音乐人刘欢。孙楠16岁出道时，流行音乐开始在内地风靡，此时正是刘欢独领风骚的时代。孙楠便从演唱风格等各个方面模仿刘欢，并希望有朝一日能成为刘欢的徒弟。随着不断地模仿和练习，孙楠终于以神似刘欢的歌喉赢得了许多人气。

终于有一次，孙楠和偶像刘欢相逢于一场演唱会中，拜师心切的孙楠当场说出了自己想拜师刘欢的想法。没想到刘欢却断然拒绝了。孙楠难掩失落，刘欢就安慰他说："你的声音很有特色，完全可以塑造出独特的自我的。如果你想塑造有自己特色的声音，我可以帮你；如果你想模仿我，我就没法帮你了。你买盒磁带回家模仿就可以了。做人做事，还是要高一点看自己。跟着别人走，可能永远都是别人的影子。小兄弟，不做刘欢第二，要做孙楠第一！"

刘欢的真诚话语让孙楠陷入了沉思，他开始思考和寻找自己的风格，并决心唱出有自己特色的声音，摆脱"超级模仿王"的怪圈。最终，孙楠凭借慷慨激昂、铿锵嘹亮的歌喉，于1990年依靠首张个人专辑《弯弯的月亮》唱红大江南北。

现在的孙楠可以自豪地说："我是孙楠，独一无二的孙楠！"或许有人会认为这是孙楠向刘欢叫板的呼喊。其实，这正是孙楠向刘欢表达自豪的声音。正是刘欢当初无情的拒绝，如当头一棒，让沉迷于模仿别人的孙楠不至于失去自我。刘欢拒绝孙楠，是善意的拒绝，是对朋友的真诚和负责。诚如林肯所说："卓越的天才不屑走一条人家走过的路，他只是在寻找迄今没有开拓过的处女地。"

刘欢给我们这样的启示

1. 对待朋友的迷茫与求助，要牢记"授人以鱼，不如授人以渔"。帮朋友树立自信，让朋友重新认识自己，独立成长，要比直接帮朋友解决困难更有意义，也更容易取信于人。

2. 面对别人的崇拜，切记忘乎所以，应该保持冷静。帮对方分析利弊，指点迷津，并最终正确引导对方做出正确的决策才是万全之策。

3. 人内心最强的渴望就是希望得到别人的肯定。我们在与他人交谈，真诚地把重要感、肯定感给别人时，也就无形之中扫除了对方心头的阴霾，把一种积极的力量注入对方心间。

第11讲

名嘴教练：

林志炫（流行歌手）

技巧提炼：林志炫让自己淡泊从容

林志炫是华语乐坛公认的超一流实力唱将，他的声音高亢优美，流畅的真假声转换让人啧啧称奇，"鸡尾酒唱法"更是独步天下，被誉为"天籁男声"。

一次，在湖南卫视和腾讯视频同步播出的《我是歌手》第三轮第一场中，林志炫加入竞赛队伍。虽然在这个舞台上还是"新人"，但林志炫却丝毫不畏惧《我是歌手》的"老将们"，明显是带着"叫板"的目的前来的他，以一首《没有离开过》取得本轮第一的宝座。事后，有媒体对林志炫进行了采访。谈及加盟《我是歌手》，他说："我之前入围过7次金钟奖，但从来没有得过奖。可是我的父亲告诉我，更重要的是入围的次数，这代表我在那一段时间内被大家所认可。我觉得这一辈子最重要是两件事，一个是好歌，一个是知音，参加《我是歌手》，我是带着好歌来求知音的，人生如得到这两样，夫复何求。"

一次好的演唱能给观众留下深刻的印象，好歌是其中的重要因素，但每个人的目的不尽相同。面对媒体的采访，林志炫将好歌和找知音融为一体，作为参加《我是歌手》的目的，让人意外，同时感叹他的应对能力。这样的回答给人传递的是积极向上的能量，既描述了自己来到节目中的目的，同时表达了自己对是否得奖的坦然态度，让听众看到他睿智的一面，令人钦佩。

林志炫给我们这样的启示

1. 面对名利得失,你对"得"看得越重,可能"失"得就越多。林志炫坦言"是带着好歌来求知音的",从容面对得失,在粉丝心目中的形象自然更上一层楼。

2. 削尖脑袋去拼抢争取不一定就是积极的,豁达的话语同样能够传达出积极信息。

3. 说话消极,你的身边便会聚集一些悲观厌世之人;常说积极话语,你的人际圈里就会聚拢许多斗志昂扬的朋友。

第Ⅲ讲

名嘴教练：
罗志祥（著名流行歌手）

技巧提炼：罗志祥理性辨析激人心

"人最大的失败就是找'借口'，任何想做的事情应该实际去做，如果等到错过再后悔说'早知道'，绝对是没用的。"这么有哲理的一句话出自当今亚洲超人气偶像天王罗志祥之口。罗志祥，绰号"小猪"，有着"亚洲舞王"之称，是集歌手、舞者、演员、主持人等于一身，多方位发展的全能艺人。

罗志祥曾被邀请到中国台湾八大电视台综艺节目《娱乐百分百》当主持人。经纪人叫他偶尔要讲些特殊的话语，保证节目的收视率。

罗志祥心里很清楚，他坚定地说："人们喜欢听我闲聊，光是一只蟑螂，我就可以讲上20分钟，观众也真的没有换台。演艺圈有哪个偶像愿意耍宝？我不怕丑，只要有机会给我。"总结了这次尝试的经验，他还自创了一句名言："宁愿当石头，也不要当花瓶。花瓶一下子就看腻了，石头却能愈看愈光亮，甚至会变成钻石。"

机会，对于一个亟待成功的人来说，就如及时雨、救命草。当机会来临之时，我们要敢于去争取。面对机会，罗志祥有自己的独特认识：首先要敢于"耍宝"，不怕出丑；更要有眼光，认清形势，宁愿当"石头"，也不要做"花瓶"。从如此有哲理的话语中，我们可以得知：机会是留给有准备的人的，在机会面前，我们应勇于充当小角色，敢于尝试，只要不放弃，石头也会变成钻石。

第4节 积极言说，把正能量传给身边人

还有一次，罗志祥在台北举办《潮男正传》庆功签唱会，宣告其唱片在中国台湾地区出货量达 81158 张，夺 g-music 及五大金榜销售冠军。但同期发片暂时落后的王力宏所属新力唱片的总经理刘天健表态："唱片圈都知道某家知名经纪公司旗下艺人发片时，都会想尽办法买榜得冠，我们最清楚王力宏销量才是第一。"对于王力宏经纪人影射其买榜一事，罗志祥说："王力宏是我喜欢的歌手，我很喜欢他新专辑里的歌曲《心跳》，但是我不愿和他相提并论。我觉得不要动不动就和别人比，其实人最大的敌人是自己，我更喜欢和自己比。这张专辑不仅加入了我很多灵感，而且唱法也贴近我本色。我不管别人怎么说，做好自己即可，以前不是还有人说我过气了吗？"

人们常以自我为中心去看待周围事物，因此会不经意地将失败、挫折等归结到对手身上；遭遇诬陷和质疑时，也往往急于去证明和反驳。

面对竞争对手的诋毁，罗志祥并没有表现出敌对心理，而是友好地称赞王力宏是自己喜欢的歌手。随后，他用"不要动不动就和别人比，其实人最大的敌人是自己"来表明自己对竞争对手的看法，发人深省，也让我们明白：最大的对手就是自己！只要静下心来，全力以赴，就一定可以战胜自己，取得成功。当然，对手那坚固的堡垒就不攻自破了。

罗志祥给我们这样的启示

1. 面对质疑或误解，歇斯底里地去反击恰恰是授人以柄。
2. 即使被打击，也要振作精神，用积极的话语去展现你不屈的斗志。
3. 永远保持奋进的心态，你就可能勇立潮头。

名嘴交际技巧笔记

生活中,当我们身边的人遇到挫折,承受痛苦时,应将心比心,对身边的人说几句安慰的话!积极的话语能为对方扫除阴霾,消除其顾虑或迷茫,这样的话无疑是最给力的——不仅话语本身"带劲",而且也会为对方注入行动的力量,能让他们在感激之余,更加珍惜友情!

有关积极的话语,我们不妨从以下几个方面去提炼:

1. 言明对方的实力,才能融化对方心中的坚冰。

2. 肯定对方的言行,让对方感受正能量。

3. 清除对方的干扰,让顾虑者如释重负。

第5节 笑里有话，让人笑过之后记住你

> **名嘴教练**　　俞敏洪幽默开场引人乐
> 　　　　　　　　罗永浩快人快语入人心
> 　　　　　　　　于　丹笑语反戈明事理

对于我们大多数人来讲，上学的时候，老师在说教；在家的时候，父母还在说教。如果，我们跟朋友聊个天都是在接受朋友的各种说教和洗脑，好吧，我疯啦！

人际交往在很大程度上是"说"的艺术，无论是沟通信息、交流思想，还是传授知识、输出观点。说得生动方能听得入神，方能听有所获。

很难想象，一个只会喋喋不休地说教的人，如何才能让听者心服口服。

第1讲

名嘴教练：
俞敏洪（新东方英语教育机构创始人）

技巧提炼：俞敏洪幽默开场引人乐

俞敏洪，1962年生，江苏江阴人。北京大学西语系毕业。1985年任北京大学外语系教师，1993年创办北京新东方学校，2003年成立新东方教育科技集团，2006年新东方在美国纽约证券交易所上市。作为现任新东方教育科技集团董事长兼总裁，他本人曾被《亚洲周刊》评为"21世纪影响中国社会的10位人物"之一。

一次，俞敏洪应邀来到同济大学演讲。其貌不扬而又不修边幅的他，一上台就激起了场下的一片"嘘声"。俞敏洪看到大屏幕上自己的巨幅头像，幽默地说道："没想到同学们把我如此'高大'的形象放在大屏幕上，这就是理想与现实的差距（场下一片笑声）。我相信同学们看到我的第一眼一定感到非常失望。实际上，每一个人都是非常普通的，我们会发现生命中非常重要的东西跟未来的幸福和成功其实没有太多的联系。比如说相貌，如果说一个人的相貌和成功有关，那就不会有我的好友马云这样的风云人物了。当然，这并不意味着相貌好看的人就做不成事情。比如说，大家熟悉的百度老总李彦宏，他就英俊潇洒，他所有的照片看上去都像电影明星一样，他也取得了成功。所以不管相貌如何，只要去奋斗了，去拼搏了，都能取得成功！"

俞敏洪的幽默开场，不仅缓和了现场的气氛，还将其睿智与口才展现得淋漓尽致。俞敏洪拿自己的形象"开涮"："没想到同学们把我如此'高大'的形象放在大屏幕上，这就是理想与现实的差距。"借用反语来贬自己，且又一语双关，颇为绝妙。

重要的是，他在顺水推舟地把他的好朋友马云、李彦宏"拉"来开涮时，旗帜鲜明地亮出了自己的人生观，言明"相貌跟能否成功没有关系"，告诫莘莘学子"不管相貌如何，只要去奋斗了，去拼搏了，都能取得成功！"将听众的注意力凝聚起来，既幽默又深刻，让学生们对这个搞教育的老师顿生好感。

俞敏洪给我们这样的启示

1. 幽默的话语更能彰显自己的人格魅力，从而深入人心。

2. 在人际交往中，用语言逗乐别人需要丰厚的底蕴，而在大笑之余亮明观点，让听者产生共鸣则是一种境界。

3. 谁都不爱听大道理，说话时给你的大道理加点佐料，会让对方更开心、更受益。

第Ⅱ讲

名嘴教练：
罗永浩（著名媒体人，自称"国内第二著名英语教师"）

技巧提炼：罗永浩快人快语入人心

"我年纪越大，就越觉得那些心里阴暗、一肚子心计、满脑子阴谋论的人，是因为智力不够。这和我小时候的认识是大致相反的。尽管存在个体差异，但是整体上，足够聪明的、进化得更好的人群，通常会倾向于选择公平、正义，更容易具有坦诚、善良的品质。"

说这番话的是罗永浩，一位风靡网络的传奇式人物。他草根出身，早年辍学，后成为新东方一名出色的英语教师。因其话语幽默诙谐、犀利又富含思想，他先后两次当选百度"十大年度风云人物"。

谈及自己的童年，他在大庭广众之下这样"自曝隐私"："我小时候闲书看得比较多，所以每逢老师讲错我就能听出来，就忍不住举手指出。时间长了老师就很恼火，被我指错最多的那位老师后来竟然派她念高一的儿子打我。好汉不吃眼前亏，刚念小学三年级的我，就任他踹了10分钟。这时候上课铃声响了，他说：'你先回去。'我当时就蒙了，什么叫'先'回去啊？他说：'不能耽误你上课，45分钟后见。'这么多年过去了，我把给过我迫害和折磨的坏人坏事都忘记了，但是这个老师我始终很难原谅，这是因为她当时还有一个儿子在念小学四年级，她怎么可以派高一的去打小学三年级的呢？难道只是为了更有把握一些？所以这么多年过去了，我还是很难原谅她。希望那些喜欢用'枪打出头鸟'这样的道理教训年轻人，并且因此觉得自己很成熟的中国人，有一天能够明白这样一个事实：有的鸟来到世间，是为了做它该做的事，而不是专门躲枪子儿的。"

相信每个男孩的孩提时代都有着与人冲突的经历，罗永浩也不例外。但他在谈及相关经历时敢于"自曝隐私"，将自己不留情面地为老师纠错、被一个大出他很多的孩子"修理"以及耿耿于怀的"狭隘内心"和盘托出，一个个包袱被抖搂出来，一个个笑点也随即爆开，几乎让听者喷饭。但他的意兴并不止于此，而是在让听者逗过、笑过之后，水到渠成地推出自己的观点——"有的鸟来到世间，是为了做它该做的事，而不是专门躲枪子儿的"，将其无所畏惧、向心而生、向理而行的聪明且坚毅的性格生动地揭示出来，发人深省，令人敬佩。

罗永浩给我们这样的启示

1. 讲自己的糗事并非是"坏事"，因为这会利于人际交往，让别人能够认识到一个更真实、更有趣的你。

2. 在阐明观点之前，有些铺垫必不可少。既可以是故事，也可以是笑话，甚至是发生在自己身上的笑话。这样你的话便会少了许多说教味。谁喜欢被别人教训呢！

第Ⅲ讲

名嘴教练：
于丹（北师大教授、著名学者）

技巧提炼：于丹笑语反戈明事理

于丹，北京师范大学影视传媒系主任，影视学博士，硕士生导师。曾担任中央电视台教科文频道策划顾问。自从在央视《百家讲坛》开讲后，她融现在的语言于古代的学术理论之中，为世人掀开了《论语》神秘的面纱，好评如潮。同时她的遣词用句之准确、精美、干净、利落，真是达到了出口成章的程度。

于丹很喜欢紫色，在电视中做节目或者外出讲学，她常常是一身淡紫色印花西装，再配上一条深紫色的丝巾，感觉十分雅致，有一种"跟国际接轨"的意味，显得很大气。

然而，有一次，于丹作完讲座后，有观众指着她的衣服问："于丹老师，易中天老师品三国穿中山装，你却穿得很时尚、很西化，我认为你应该穿中式服装来讲《论语》才对啊！"于丹听了幽默地反问道："你看，我现在裹小脚还来得及吗？"

观众听了忍不住哄堂大笑，掌声四起。

面对这位观众的质疑，于丹巧用归谬，制造出了令人喷饭的幽默。所谓归谬式幽默，是指为了论证对方的观点是错误的，先认同对方的观点，假定对方言之有理，然后以它为前提，推导出一个更为荒谬的结论来，从而使对方的观点不攻自破。

面对那位观众"讲中国经典就应该穿中式服装"的谬误，于丹没有多费口舌，而是来了个归谬推理：既然你认为讲中国经典就应该穿中式服装，那么我裹上小脚来讲岂不更传统、更中国化？后者显然更为荒唐可笑，这样一来，对方观点的荒谬也就昭然若揭了。

于丹给我们这样的启示

1. 形象的比喻深入人心，容易让人在脑海中留下美好深刻的印象。沟通时，遇到别人不理解我们时，别急赤白脸。悄悄比喻，把陌生的东西变为熟悉的东西，把深奥的道理浅显化，把抽象的事理具体化、形象化，就能使道理通俗易懂，使人易于理解。

2. 心理学研究表明，人在轻松的状态下更容易接受他人的观点。所以，制造笑点，让人们在欢笑中接受你的观点也会更容易。

名嘴交际技巧笔记

你说的话，反映在别人的眼中，就是你在对方心目中的形象、性格、角色。习惯于枯燥说教的人常常是缺少生活情趣的古板之人。

想让对方接受你的观点，就要避免说教味。否则，听者只知道你所强调的观点重要，但是完全不能转化成行动。而借助逗乐子、说笑话等形式去言说观点，无疑能够降低说教味，增强行动力。

第 6 节 敢言人先,不做人云亦云的复读机

名嘴教练　　茅于轼言为心声话为枪
　　　　　　　　郎咸平语不惊人死不休
　　　　　　　　贾平凹面对吹捧不昏头

你的生活中有没有遇到这样的讨厌鬼:他超级不会聊天,你怎样他怎样,别人变个样,他也跟着变,着实一株墙头草。有人常常喜欢"吃别人嚼剩下的馍",说话既无新意又无观点,让人感觉平庸。

在人际交往中,勤于独立思考,敢于言人之未言,坚持自己的独立观点,这样的人更容易成为"意见领袖",让别人都觉得你是一个有想法的人。

第1讲

名嘴教练：
茅于轼（著名经济学家）

技巧提炼：茅于轼言为心声话为枪

"杀富济贫并没错，全世界的政府都是杀富济贫的。问题是，用什么方式杀富济贫？用税收的方式那是完全正确的，但用经济斗争的方式那就完全错了。一种是有规则的、法律的、大家同意的方式；一种是消灭富人。这就糟了，到最后，大家都会变成穷人，如果打倒了先富的人，这个国家就会变成穷人国了。"

说这话的，是著名经济学家茅于轼，他是著名桥梁专家茅以升的侄儿，同时也是一位"嘴巴不甜"的经济学家，一些"不中听"的话常把这位八十岁高龄的老人推到舆论的风口浪尖。事实上，谈吐温文尔雅的他，并不是一位斗士，而是一位坚持自己观点的学者。

"为富人说话，替穷人办事"是茅于轼时常挂在嘴边的一句话。此言既出，舆论哗然。有人气急败坏，叫嚣道："为什么要为富人说话？"

为此，茅于轼侃侃而谈："现在为穷人说话的人很多，替富人说话的人很少；另一方面，为富人办事的人很多，为穷人做事的人很少。我也赞成为穷人说话，他们的权利也需要保护，但是我反对为了讨好舆论，哗众取宠，说的话最终对穷人不利。比如，鼓动穷人反对富人，宣传富人有罪等。中国经济面临的最大危险就是贫富差距的扩大。解决这个问题，需要建立保护财富的体系，保护穷人和富人的财产。穷人的财产虽少，但对之性命攸关；而保护富人的财产，就是鼓励穷人争取成为富人。如果富人的财产得不到有效保护，那就没有人敢做富人了；只有富人队伍扩大了，社会才更稳定。"

茅先生的这些话，似乎让有着仇富心理的人抓到了把柄，就疾言厉色地攻击他是在为富人代言。其实，他们是在断章取义。茅先生的话恰恰揭示了一种奇怪的社会现状：为富人办事的人很多，但为他们说话的人却很少，唯恐一语不慎而成了众矢之的；很多人深谙"作秀艺术"，为穷人说话的人很多，但真正为其办实事的并不多，反倒赢得了喝彩。这是一种错位。茅先生犀利地洞察了这一点，便开诚布公地呼吁要多一些为富人说话、为穷人办事，而且从"富人与穷人的财产都需要保护"的角度深入阐释，一席话入情入理，茅先生坚持真理、逆风飞扬的精神让人赞叹。

茅于轼给我们这样的启示

1. 在人际交往中，要坚持正确的信念不能动摇，在各种诱惑、压力面前，你所坚持的原则便是支撑你人格的支柱。

2. 与其去讨好一些人，附庸一些人，想方设法变成别人喜欢的样子，还不如做本色的自己。只有独立思考，不人云亦云，才能改变别人对你的偏见，才能让别人重新认识你。

第Ⅱ讲

名嘴教练：

郎咸平（著名经济学家）

技巧提炼：郎咸平语不惊人死不休

在大众心目中，经济学家郎咸平是位观点鲜明且具有世界级学术成就的大师级学者。"郎监管""中国民营企业教父""郎旋风"等诸多称呼，全因他那"语不惊人死不休"的语言。

郎咸平身为经济学家，多次公开对上市公司财务状况提出质疑，并受到媒体、学术界以及政府的高度重视，他因此被尊称为"郎监管"。他曾与资本大鳄顾雏军（现因经济问题获刑）展开了交锋。谈及当时的感受，他将骨子里的那份坚毅与不屈表现得淋漓尽致：

"我讲一句大话，假如哪一个企业家的所作所为是我郎咸平看不出来的话，我从今天开始封剑退出江湖！当时是我第一次遭到企业家的威胁，要求我通过媒体向顾雏军道歉，否则将对我采取法律之外的'必要的手段'，而且是秘密的后续行动。我有一个特点是其他教授没有的：我不怕死。一个教授如果不怕死，是非常可怕的。因此我坚持以保护国有资产和股民利益为前提的学术尊严，面对种种压力，我就像是一头勇敢的公牛，拼死向对方的弱点进攻。你挑逗、折磨、伤害我，只能使我更加奋不顾身！"

作为一名经济学家，坚守良知，疾恶如仇，维护并捍卫自己的学术追求，是必要的素养和可贵的美德。郎咸平谈及轰动一时的"顾雏军案"时，直言他当时的处境与心性，并以愈战愈勇、毫不退缩的"公牛"作比，活脱脱勾勒出了一个刚毅、正直、负责的斗士形象,让人听后有振聋发聩之感。这种公而忘私、奋不顾身的"公牛"斗志,正是世人所应坚守的一种品质啊!

郎咸平给我们这样的启示

1. 在对真理的坚持之下,邪恶终会低下头。代表一己之私的话总会随风飘去,而越是能够代表正义、代表公序良俗、代表大多数人利益的话语,就越有可能成为洪钟大吕。

2. 只有不泥古、不盲从、不固步自封、不墨守成规,才能产生革故鼎新的力量和改天换地的结果。若是缺少质疑精神,达尔文不会得出进化论,哥白尼不会提出日心说。那么,人类的历史将会被改写,人们的生活将会变得索然无味。

第Ⅲ讲

名嘴教练：
贾平凹（著名画家，作家）

技巧提炼：贾平凹面对吹捧不昏头

贾平凹的书画集《海风山骨》由中国美术出版社出版后，书画界一些专家对其绘画艺术给予了充分肯定。一位专家甚至说："中华五千年出了两个艺术奇才，一个是苏东坡，另外一个就是贾平凹。贾平凹的作品无论是从品位还是高度上，都和苏东坡站在了一个对等的位置上。"对此，贾平凹做出了强烈回应："近些年文艺界的互捧之风甚盛，很让人不舒服。有位专家说我和苏东坡站在了一个对等的位置上，做出这样的评价有点过头，尤其是在公众场合。我只是个业余的初学者，就如同作家里的'官员作家'一样，虽然大家对我评价高，但因为起点不一样，所以只能说是在较低的起点下得到大家的认可。我搞不懂什么是'文人画家'，但现在我需要仰望高人，老老实实地继续练习，力争有所进步。如果未来几年还有人评价我是'作家里面会画画儿的'，我觉得那说明我还没有进步。尽管我和那位专家是朋友，但他关于我的作品'无论是从品位还是高度上，都和苏东坡站在了一个对等的位置上'的评价，这不仅是对我人格的侮辱，更是对苏东坡这位中国历史上少有的文学和艺术天才的玷污。我知道自己能吃几碗饭，我只是贾平凹，怎能与苏东坡画等号。"

专家对贾平凹的书画作品大赞特赞，甚至将其与苏东坡相提并论。对此赞誉，贾平凹没有飘飘然、全盘照收，而是实事求是地说明自己的实际情况，毫不客气地拒绝了他人的吹捧，保持了一个作家的人格尊严，从而赢得大家的尊重。无论在什么时候，永远不要以为自己已经知道了一切。巴甫洛夫曾说："不管人们把你们评价得多么高，但你们永远要有勇气对自己说：'我是个毫无所知的人'。"面对言过其实，我们是否能像贾平凹那样，保持清醒的头脑，用自知之明去粉碎那可怜的虚荣心和功利主义呢。

贾平凹给我们这样的启示

1. 有一种华丽却隐形的毁灭叫"捧杀"，它是一颗十足的糖衣炮弹。面对吹捧应该多思量，毋忘自省、自警、自励。当某个人对你的溢美之词如滔滔江水一发不可收时，还是多点警醒，惟有如此，才能保持一颗轻松自在的心，坦然面对每一天。

2. 善于自省，不贪誉，不虚荣，才能稳扎稳打。面对盛誉不昏头，清醒且能时时自省，是一种智慧，更是一种境界。

名嘴交际技巧笔记

现在，星座学非常流行。星座学认为：射手座容易交到朋友，是因为个性率直的射手座们独立，有自己的处事原则，不人云亦云。

1. 如果你人云亦云，凡事都"我怎么都行""差不多就好啊"，那么会给人留下没有原则和主张的印象。这样会让人觉得你"很容易背叛"哦！

2. "好好先生"并不一定是到处都受欢迎，反而会被人处处忽略；反正好好先生怎么样都行，没有发言权只好视若无人喽。

3. 胜人者有力，自胜者强。战胜别人叫作有力量，战胜自己才算强大。这是一种令人敬佩的自制力、一种清醒的自省精神、一种见贤思齐的前进动力。

第 7 节　心怀善念，说出善言结出善果

名嘴教练　　邵逸夫正面回应谈善行
　　　　　　　　冯小刚推心置腹论友情
　　　　　　　　姜　文善言善语说创作

　　生活中，我们常为如何融洽地与人交流而煞费苦心。其实，想营造愉快、真诚的谈话环境，是有基本规律可循的，其中很重要的一点就是口出善言。这里的善言，指说的话不仅能让人乐于接受，而且能使人获益。荀子说："与人善言，暖于布帛。"所以说，口出善言，是我们在与人交往中应该珍视的美德。

第1讲

名嘴教练：

邵逸夫（影视大鳄）

技巧提炼：邵逸夫正面回应谈善行

"创业、聚财是一种满足，散财、捐助是一种乐趣。"说这句话的人，已经在2014年1月7日早上8时驾鹤西去，留给世人无限的惋惜和怀念。他就是人们尊崇的"娱乐之王""慈善大佬"邵逸夫。邵逸夫的一生可谓传奇，他不仅造就了百年基业，培育了无数后起之秀，而且他精彩绝伦的"邵氏语录"也引人深思。

邵逸夫乐善好施，热心公益，毕生捐赠总额约百亿元。他对科学和教育事业留下了功德无量的捐助，润泽万千学子和人类的科研事业。有调查显示，逾八成受访者称"邵逸夫令人最先联想'逸夫楼'"，而这遍布神州大地的一座座"逸夫楼"，正是一座座慈善和关爱的丰碑，彰显着邵逸夫对教育事业了不起的贡献。

在香港某大学的"逸夫楼"奠基之时，邵逸夫发表了感人至深的演说。他说："犹太人的一句古老箴言给我留下很深的印象：'健康时的施舍是金子，病中的施舍是银，死后留下的施舍是铅。'所以，一个企业家的最高境界就是慈善家。慈善的最高境界是善行当下。我是个商人，有人说我是借慈善之名，行投资之事。那我也觉得问心无愧。19世纪美国最具有世界影响力的哲学家梭罗不是说了吗，德行善举是唯一不败的投资！我认为，人的一辈子很短，还附加了很多坎坷和痛苦，而宽容和做善事则是一把健康钥匙，是生活幸福的良药。中国要强大，关键在于教育及培养人才。所以，将赚到的钱捐献到教育事业中，做些实际的事，是我最大的心愿……"

勃朗宁曾经说过：地球无爱则犹如坟墓。邵逸夫一生乐此不疲地对社会福利和公益事业慷慨解囊，以此证明了"善行当下"。邵逸夫旁征博引，他引用犹太名言来诠释自己"善行当下"的慈善理念。为了反驳外界对他"借慈善之名，行投资之事"的质疑，他引用梭罗的名言，再次论证了慈善是最划算的投资，宽容和行善才能幸福一生！其话语简洁却论证有力，让人拍手称快。

邵逸夫给我们这样的启示

1. 一个人的快乐，不是因为他拥有得多，而是因为他计较得少。说善言、做善事、践善行，终会结出善果。

2. 有时候我们付出的仅是举手之劳，对他人而言却是雪中送炭。只有舍得付出，才能交到真心朋友。

第Ⅱ讲

名嘴教练：

冯小刚（影视大鳄）

技巧提炼： 冯小刚推心置腹论友情

冯小刚与葛优是中国电影界的一对黄金搭档，一位是"国内贺岁片祖师爷"，一位是"中国贺岁电影的支柱"。两个性格迥然不同的人，却合作20余年。2013年10月16日，冯小刚与葛优合作的作品《私人订制》在北京举办新闻发布会，会上盘点了冯、葛20年来合作的10部贺岁佳作，冯、葛二人获封"优质钢材"。是什么促成两人20年的君子之交？"优质钢材"的"真正材料"是什么呢？

在我们看来，就连恩爱的夫妻也很难做到20年不争不吵，而冯小刚与葛优这对本应"同性相斥"的朋友却做出了榜样，是什么让他们如此珍惜彼此的友谊呢？有记者采访了两位当事人。当被问起"为何中国有这么多好演员，却只有葛优是雷打不动的合作伙伴"时，冯小刚语出惊人："葛优让我觉得很有安全感，他不会坑你、害你。他只会琢磨自己，不会琢磨别人。我们单独在一起，就没有没话说的时候。就算没拍电影，我也希望能跟他一块儿吃饭喝酒。葛优是不可替代的，我写剧本时脑子里想的就是他，台词的语气都是他的。如果哪一天葛优不演喜剧了，我这种喜剧就拍不成了。"

葛优也这样评论两人20年的交往："他让人特放心。他把朋友的事看得比自己的事还重要。跟他合作，我不用去考虑其他，我只负责精彩，小刚自有安排。"葛优则幽默地形容，他跟冯小刚已经熟到互相不搭理的地步，到了"君子之交淡如水"的境界了。"有时候我们一同出现在公共场合，别人会觉得奇怪，怎么看上去都互不搭理呢。我去他们家，进屋他也不理我，自己坐那儿想事呢。"

约瑟夫·鲁曾经说过："信任是友谊的重要空气，这种空气减少多少，友谊也会相应消失多少。"这说明任何友谊都应该建立在信任的基础之上。冯小刚和葛优彼此信任对方，不恶意揣度对方。所以，他们的友谊才会历久弥香。作为合作伙伴，彼此信任才能在搭档时更有默契，才会更放心地把事情交给彼此。这种信任是培育友谊最肥沃的土壤。

冯小刚给我们这样的启示

1. 与人交往时，如果缺少对他人的信任，即使你的交往技巧十分高超，在他人面前也只能获得最初的好感，久而久之依然会成为孤家寡人。

2. 交往中的互惠行为能够促进双方的信任。如果你在别人眼中是个小气鬼，你不妨尝试着表现得大方些；如果不能表现得大方些，也可以尝试装着大方些。这样做能促进你进入大方、互惠的人际互动循环中。

3. 人与人交往的基础是信任！我们应该去信任他人，除非你能证实那个人确实不值得信任；我们也有权受到他人的信任和尊重，除非我们的所作所为已让人失去信任的基础。

第Ⅲ讲

名嘴教练：

姜文（影视明星）

技巧提炼：姜文善言善语说创作

随着《让子弹飞》大功告成，姜文也进入到"中国导演界的F4"之中。姜文凭借一件武器更加打牢了"姜山"，那就是口才。

记者问："很多圈内人早就看出你能拍商业片，对于你一直走低产道路，是否是因为你对作品感觉焦虑而不自信的原因？"

姜文回答道："我要是焦虑，为什么17年只拍4部片子呀？我总觉得我做的东西要经得起时间的考验，要耐看。我不愿意到时候人家说我，拍的什么烂电影。我不能欺骗我的观众。我要让未来的年轻人说：'老姜，不错。'刘翔知道不跨栏，脚筋就不会折；但他也知道，就算脚筋折了，荣誉也在，也牛啊！他就是比全世界人跑得都快，对吧！对刘翔来说，就算是平常走路，他也比别人走得快，就是帅！我觉得各行各业，都应该做一点向极限挑战的事。"

对于低产的姜文，不免有圈内同行或者媒体怀疑其对影片追求过高，而显不太自信。面对质疑，姜文并没有回避。一句反问，意在"我要是焦虑，应该加速拍片，而不应该这么低产"，并声明自己要打造经得住时间考验而且耐看的作品，进而"拉出"刘翔来帮腔，形象生动地阐述了"人要经过坎坎坷坷才会成功，我们应该接受极限的挑战，而不应该刻意追求数量或速度"。寥寥数语却不失霸气，凸显出他做事做人的风格。

姜文给我们这样的启示

1. 你若不认真，机会便不会亲临。姜文之所以获得成功，源于对自己作品的认真。这是对自己的负责，更是对别人的尊重。

2. 近朱者赤，近墨者黑。向优秀的人学习、靠齐，才会离优秀越来越近。

名嘴交际技巧笔记

1. 有时候，行善的方式不仅停留在某些行为上，也体现在语言上。口吐善言，可以给身处困境的人自信和力量，可以让困惑迷失的人找到前进的方向。

2. 我们要学做"报喜的喜鹊"，这有益于人际关系的和谐、事业的发展。不论说什么话，在善心这个前提下，才能说出让人感动、佩服、拥戴的话。

第二章 恰当得体，好人缘就会属于你

混迹朋友圈，赢得好人缘的方法十分简单。只要掌握"镜面法则"，自然会让你大有点赞者。你如何待人，通过镜面折射，别人也会如何待你。

第 1 节　巧言抚慰，说话要把别人放在心上

> **名嘴教练**　　李彦宏劝慰失落青年
> 　　　　　　　　柳传志从细节处弥补
> 　　　　　　　　张瑞敏宽解问题员工

　　日常生活中，谁都可能遇到不顺、烦恼或痛苦。这时，人们在心理上就会产生焦虑、不安甚至迷茫。因此会特别渴望别人用得体、真诚的语言来抚慰和缓解这种不良的心理状态。

　　当你拥有荣华富贵时，在你身边的不一定都是"假士"；但当你贫穷落魄时，留在你身边的一定是"真人"。在朋友受挫沮丧时，我们应该去做其身边的"真人"。轻启唇齿，慰藉人心。

第1讲

名嘴教练：
李彦宏（IT精英，百度公司创始人）

技巧提炼：李彦宏劝慰失落青年

李彦宏是新一代互联网技术领域的权威专家，百度公司的创始人。他的成功在于，他能不断否定自己的成功，从而获得更大的成功。

有人以为"性格决定命运"，并将这句话奉为真理。然而李彦宏对于这一说法并不认同。一次有一位创业失败的青年学子，他对自己执拗的性格很是苦恼，认为这是他做事失败的根源。李彦宏听后却这样安慰他道："无论你的性格怎样，都有可能成功。有的人就是善于与人沟通，而有些人则性格比较内敛，但这都不能妨碍他们改变命运，走向成功。关键是你要在分析自己的实际情况后，做一个判断，即究竟自己的性格适合干什么。上帝关上一扇门，一定会打开另一扇窗，每个人都应该去寻找适合自己的东西，做自己喜欢做、擅长做的事情。因为只有这样，你才能够在遇到困难的时候，不退缩、不轻易改变方向。我相信，做到这点，成功就离你不远了，你的命运也会因此与众不同。"

面对创业失败的青年学子，李彦宏在巧言抚慰时，选择了一句被一般人奉为真理的俗语。他紧紧围绕"性格与成功"这一主题，先针对"性格即命运"这个大家耳熟能详的俗语，反其意而"释"之，申明"无论你的性格怎样，你都有可能成功"，指出其积极意义；又结合具体性格，指出"只要人人都能找到属于自己的坐标，勇往直前，都有可能叩开成功之门"，改变自己的命运。他的劝慰之言激人心志,并始终站在对方的角度,言明了真理,又摆脱了俗套。

李彦宏给我们这样的启示

1. 给困惑、失落之人以劝慰之语,好比给暗夜里彷徨的人一盏指路明灯。

2. 对约定俗成的"真理"进行颠覆,赋予其新的内涵,并且能够做到有理有据,可以让你的话语更有新意。

3. 劝慰他人的要点在于肯定对方,让其重拾信心,重燃热情。

第 II 讲

名嘴教练：
柳传志（企业家，联想集团有限公司董事局名誉主席）

技巧提炼：柳传志从细节处弥补

2015 年 7 月，联想控股主办了一个"蓄势而发砥砺前行"的主题活动。当晚，柳传志邀请了很多企业界老朋友参加晚宴，其中包括马云、俞敏洪、史玉柱、雷军等。当晚宴进行到柳传志上台发言的环节时，出现了一个小插曲：当时主持人大声宣布："请全体起立，欢迎柳总致辞！"顿时全场起立，掌声雷鸣。就这样一个司空见惯的开场介绍，却让柳传志很不高兴，甚至差点动怒。只见他与主持人短暂交流后，走向发言台，先是向客人们表达歉意："大家快请坐！大家快请坐！我向主持人提出抗议，怎么能让大家起立呢，我给大家鞠一躬！"然后才开始发言。

柳传志发言结束时，又第二次向大家鞠躬致歉。主持人也赶紧上台向柳传志致歉，柳传志问主持人说："这个开场白是你们提前安排好的，还是你即兴发挥啊？"主持人尴尬地说："是我自己临时加上去的。"

原来联想对于类似的大型活动通常都会有彩排，当晚晚宴原本是没有"起立欢迎"仪式的。主持人在请柳传志上台发言时，想当然地加上了这个仪式。

见证了这一插曲的优米网创始人王利芬后来这样评价柳传志的鞠躬致歉："这个细节让人感动并感叹，做企业其实就是做人并精通人性。这是今天的创业者，包括我本人在内，最需要学习的地方。"

"请全体起立欢迎领导讲话"或许是很多企业里司空见惯的现象，因为在员工心中，领导就应该予以充分的尊重。而柳传志却因为这个小细节而动怒，并两次鞠躬致歉，令人深思。

俗话说：开水不响，响水不开。"把别人放在心上"这句话不应该只是放在嘴上说说，而是要说到做到。柳传志此番言行就是最好的证明。其实，无论做人还是做企业，谦逊、真诚地对待别人，将会无往不利。

柳传志给我们这样的启示

1. 在日常生活中，我们在说话的时候要考虑别人的感受，不要调子太高，让别人感觉相形见绌，而是应该让别人也有优越的感觉。这不仅是一种说话的技巧，更是一种珍贵的社交品质。

2. 低调谦逊意味着自信，因为自信才没有必要去刻意张扬。在人际交往中，人们最厌恶那种傲慢的腔调、趾高气扬的神情、刻板僵硬的语气。而谦逊的态度、委婉动听的语调，能给人一种心悦诚服的力量。

3. 学会在别人恭维的话里听出好与坏，不要让恭维迷惑了自己，保持始终如一。

第Ⅲ讲

名嘴教练：
张瑞敏（海尔集团创始人）

技巧提炼：张瑞敏宽解问题员工

老骥伏枥，壮心不已，张瑞敏这位沙场老将从未停止过前进的步伐。在他的带领下，海尔从一个濒临倒闭的小冰箱厂，发展到如今誉满全球的"白色家电"巨头。生活中，张瑞敏也是一位充满人格魅力的人，他说话严谨而不失风趣，富有哲理又发人深省。

自 1984 年，张瑞敏担任海尔前身——青岛电冰箱厂的厂长以来，企业销售收入平均每年都以 81.6% 的速度增长。随着企业状况的好转，一部分员工懈怠起来，质量问题时有发生。对此，张瑞敏把管理人员和部分问题比较突出的员工召集在一起，召开了"企业自纠自查活动会"。张瑞敏说："企业好比斜坡上的球体，向下滑落是它的本性。要想使它往上移动，需要两个作用力：一个是止动力，保证它不向下滑，这好比企业的基础工作；一个是拉动力，促使它往上移动，这好比企业的创新力。这两个力缺一不可。在海尔的快速发展中，其'止动力'如'日事日毕，日清日高'的企业文化，'拉动力'如'在市场否定你之前先自己否定自己'的创新观念。企业要发展，基础与创新，这两个作用力都要并重。"

此前，检验处有位老员工，由于工作疏忽，造成了 2000 元以上的损失，按规定他由正式员工转换为试用员工。当时，这位老员工的情绪波动很大，到处散布对企业不好的言论。于是，很多人都建议给这名员工以处罚。在会上，张瑞敏却公开抚慰这位员工，也是在讲给全体与会者听。他说："一个人如果想成功，一定要学会控制自己的情绪和保持良好的心态。要养成'三不''三多'的心态，即'不批评、不抱怨、不指责'，'多鼓励、多表扬、多赞美'，这样就会成为一个受社会大众欢迎的人。如果想让你的伙伴更加优秀,就永远激励和赞美他们。在生活中,有人提建议对方能够接受,有人提建议对方却很生气。这就是提建议的方式问题,应该用'三明治'的方式——赞美,建议,再赞美。"这番诚恳的讲话后,那位老员工终于解开了心结。

面对员工思想上的懈怠,张瑞敏没有枯燥说教,也没有采取简单粗暴的处罚方式。他巧妙类比,在思想上为大家抚慰、打气,形象地把企业类比为斜坡上的球体,指出向下滑落是它的本性,要想使球往上移动,就需要"止动力"和"拉动力"这两种力的共同作用。

张瑞敏的这番话,既浅显生动,又发人深省,在思想上极易引发人们的强烈共鸣。在对待犯错误的员工的问题上,张瑞敏没有简单粗暴地一罚了事,而是秉持"三明治"式教育理念,把批评、建议的内容夹在赞美和肯定之中,巧言抚慰。这种方式不仅不会挫伤员工的自尊心和积极性,而且还会使其愉快地接受,就如同三明治一样可口。这种管理理念,对我们都有着莫大的启迪。

张瑞敏给我们这样的启示

1. 由于我们对生活体验、家庭背景以及教育程度等不同,导致了每个人对于苦恼都有不同的理解。有时候,我们觉得很稀松平常的事情,对他人却是苦恼万分。因此,当试图去安慰一个人时,首先要理解他的苦恼,并站在他的角度去考虑这件令他烦恼不快的事情。

2. 人不做假,事不做绝。不管对方如何去诽谤和诬陷我们,关上这扇交往之门的终究还是我们自己这双手。一个巴掌拍不响,如果我们做绝了,那路也就堵死了。

名嘴交际技巧笔记

1. 当朋友遇到烦恼、不快甚至痛苦时，如果我们能感同身受，用恰当、得体的言辞表现出自己对对方的遭遇能够"悲伤着他的悲伤，幸福着他的幸福"。那么对被安慰者而言，就是给予了他最好的安慰。你也一定会赢得对方的尊重和信赖。

2. 好的安慰者，能暂时放下自己的世界，走入对方的内心，用他的眼光去看他的遭遇，而不是妄加评断。

第 1 节　巧言抚慰，说话要把别人放在心上

第 2 节　借题发挥，借来奇效生发佳果

> **名嘴教练**　　汪涵借"俗"应俗
> 　　　　　　　李响以"毒"攻毒
> 　　　　　　　金星借"事"说理

"借题发挥"指的是假借某事、某物为由头，进行引申、阐释、发挥，以表达自己对问题的看法或意见。将"借题发挥"用于交际，不仅可以使你的话语简洁有力，而且还生动活泼。如果运用得当，常常能达到"四两拨千斤"的效果。

第1讲

名嘴教练：
汪涵（湖南卫视著名主持人）

技巧提炼：汪涵借"俗"应俗

汪涵，湖南卫视当家主持人，也是国内著名的娱乐节目主持人。他的主持风格风趣、幽默、睿智，擅长脱口秀，而且能信手拈来许多妙趣横生的精言妙论，将脱口秀的幽默风趣引入荧屏、带入生活。

汪涵是在主持了湖南卫视的《超级女声》之后名声大振的，他的名字也飞入了千家万户。说不清是《超级女声》捧红了汪涵，还是汪涵成就了《超级女声》。总之，汪涵的成名与《超级女声》可谓唇齿相依。一次，在聊及《超级女声》节目的成功秘诀时，因事前有媒体认为《超级女声》节目"层次不高，略显低俗"，汪涵笑嘻嘻地说了两个字——"低俗"，并作出了这样的解释："所谓的'低俗'，就是门槛很低，雅俗共享。上到八九十，下至八九岁，都能参加这个节目，都能从中享受到乐趣。这就是成功的秘诀！"

低俗？这是什么话嘛！相信每个人听后都会感到大为讶异。其实，这是汪涵为借题发挥故意卖的一个关子，紧接着他便语出惊人——首先将节目成功的原因归结为"低俗"，让在场的所有人无不感到惊诧；随后，他话锋一转，推陈出新，将"低俗"妙解为"门槛很低，雅俗共享"，收到了"溪回谷转愁无路，忽有梅花一两枝"的奇效。

寥寥数语，既道出了"超女"节目成功的秘诀，又让人得到了语言上的艺术享受。汪涵的上述妙答，既显示了一名优秀主持人应有的思想素质，又展示了一名优秀主持人应有的口语表达能力。

汪涵给我们这样的启示

1. 借已有的话题或思路巧妙言说和发挥，可以起到就地取材、言浅意深的效果。

2. 与人交际时，面对对方的"无稽之谈"，有时可装作听不懂他的本意，而是顺着他的字面意义借题发挥，从而阐明自己的观点，获得较好的反驳效果。这种方法简洁精炼，以一当十。既生动幽默，又雄辩有力。

第 II 讲

名嘴教练：
李响（江苏卫视著名主持人）

技巧提炼：李响以"毒"攻毒

李响是江苏卫视主持人，其幽默而又不失庄重的风格也被网友亲切地称为"男版王小丫"。他外形帅气、台风稳重，而且言语机智、风格多样。他既能左右现场的气氛，也会被嘉宾选手的激情所感动。他驾驭语言的能力让人佩服不已。

转战江苏卫视后，李响主持的几档节目的收视率刚开始均不理想，网上更有人评价他是"收视毒药"。但李响却平静地说："其实我一直以来都在寻求自我突破，可是我自己说我突破了，观众不觉得，那也是没有用的。所以对于我来说，观众称我为'毒药'，反倒让我放下所有的包袱来诠释自己，摸索和树立出自己的主持风格。要知道，即便是罂粟，它也有十分显著的药用功效，何况我还是一朵在努力的"收视毒药"。收视率不理想，我负有责任。台长曾说，孟非跟李响根本上一致的地方就是他们俩都想做一个好主持人。我相信这次是一，明天是二，可能将来就是十。我相信每个优秀的主持人也都是这么过来的。"

被称为"收视毒药"，李响背负的压力可想而知。但是，面对网友的奚落，李响并没有和对方唇枪舌剑地争论，而是借助"毒药"一词引出话题，大方坦言了自己的努力，并主动承担了责任，进而巧妙"拉出"台长对自己的鼓励，暗示着渴望获得观众的再次支持和理解。一句"这次是一，明天是二，将来是十"，真诚之中点燃了听者奋斗的信念。纵观整段话，字字真诚，打动人心，让人不忍再苛责。稳重而又幽默的李响不但用一张妙嘴借题发挥点拨了他人，还消除了他人的成见，给自己带来了成功。这不仅对心怀主持梦想的人是一种激励，对我们所有人都是一种鞭策。

李响给我们这样的启示

1. 有时对方会按照自己的思路据理力争，与其正面争执，必然纠缠不清；不理不睬，又达不到扭转对方观点的目的。这时便可"借题发挥"：先顺着对方的谈话思路谈下去，然后再伺机抛出自己的观点。

2. 借题发挥之术既让李响否定了他人不符合客观实际的非议，又委婉地言明了心迹。"借"得天衣无缝，发挥得幽默风趣，妙！

第Ⅲ讲

名嘴教练：
金星（知名媒体人）

技巧提炼：金星借"事"说理

现任"上海金星现代舞蹈团"团长兼艺术总监的金星，近年来频频现身电视节目，担任点评嘉宾。在众多人眼中，金星多以"麻辣女王"的角色出现，实际上，在平时的生活甚至是节目中，金星也不乏"金句"，引人深思。

1995年，金星毅然决然地做了变性手术，对于她的前半生，是充满质疑和嘲笑的。在现代舞开拓的那段时期，金星更是一路坎坷。对于这些经历，金星借题发挥说："我认为，质疑就像一袋大米里难免会有些沙石，清理出去就可以啦，影响不到心情。社会天天在我身上附加东西，我得学会'往下摘'：什么是我该扛起来的；什么又是不属于我的；什么是承载不了得让给别人的。如果太贪心，把不是自己的东西都揽过来，你就会需要其他快速有效的武装来支撑自己，而那些在短时间内帮你获得利益的东西，又往往是假的、虚的。社会把很多不是你的东西往你身上套，你要解开、放下，保持单纯，两手空空，内心丰满。"

"质疑"和"绯闻"似乎是明星身上甩不掉的字符，超人气的话题女王——金星自然也不例外。一路坎坷追求内心真我的金星，终于下定决心做了变性手术，对于相对传统的中国来说，自然会引起一阵风波。但金星貌似百毒不侵，因为她明白：质疑犹如大米中的沙石，清理之后自有清净。正是因为她懂得及时摘掉物欲横流的社会给她附加的东西，她才能够轻松自如地生活。金星的洒脱告诉我们：放下包袱，才能远行。

金星给我们这样的启示

1. 交际总是围绕着一定的话题展开的。在交际中一个善于敏锐地抓住话题本质的人，如果有足够的应变能力、有较好的言辞技巧、有较强的人格修养，便可做出许多精辟睿智的交际文章。

2. 在语言交际中，若能借助谈话环境中所见所闻的事物或根据新出现的情况等加以联想、借题发挥，就会使自己的话语更加深刻，达到感染他人的效果。

名嘴交际技巧笔记

借题发挥是一种高超的应变方法。它借某件事情为题来做文章,以表达自己真正的意见或主张;也指假借某事为由,去做其他的事情。

1. 借题发挥的关键在于一个"借"字。只有巧妙借得对方的话题为我所用,发挥起来才有根有据,让对方百口难辩,收到奇佳的效果。

2. 因为话题的来源是对方话语的延伸和扩展,所以在借题发挥时,应避免引起对方的排斥。在他熟悉的领域,谈自己的观点,让对方心服口服。

第 3 节 坦率言说，让话语更富亲和力

> **名嘴教练**
> 莫　言说真话启人心扉
> 毕淑敏讲实话坦率真诚
> 周国平聊闲话缩短距离

你好虚伪啊！

你这个人好假！

即便没有人这么说你，你或许也会对其他人有过这样的感觉。对，就是无论这个人怎么去讨好你，你还是觉得这个人很假、很虚伪，而且，他越讨好你，你越觉得他假。

交真心才能交到真朋友。虚伪与坦诚的距离只有一个字的差距："是"与"否"。我们都喜欢坦诚，希望别人能坦诚对自己，但前提必须是自己能够坦诚示人，这样才能让你更富亲和力，让别人坦诚待己。

第1讲

名嘴教练：
莫言（著名作家、中国首位诺贝尔文学奖获得者）

技巧提炼：莫言说真话启人心扉

在莫言获得诺贝尔文学奖后，他在家乡山东高密的旧居成为了旅游景点，慕名前来参观的读者络绎不绝。有报道称，莫言旧居院中生长的萝卜、树苗，甚至是墙上的墙皮都被前来"沾喜气"的读者抠走了。

在湖南卫视承办的"2013书香中国"全民阅读电视晚会的录制现场，主持人汪涵向前来参加晚会的莫言问起了这些，想听一听当事人的看法。莫言笑着说："这件事情既让我非常感动，也让我感到十分惭愧。我们家院子里的萝卜本来就是种给人吃的，谁吃了不都是一件好事吗？至于我们家的墙皮，是不是真的有人抠了去，我现在怀疑这件事的真伪：到底是真的有人挖了去，还是一头牛在那里蹭痒蹭掉了，或是一群顽皮的孩子在一起打架、抠墙土，都有可能。所以，很难证明是读者抠走的。"

莫言的回答可谓是精妙智慧，首先他不对读者做有错推定，没有因此迁怒于读者，彰显了他的笃定与大气。但在同时，他也话中有话，极其巧妙地提醒和告诉了那些不靠谱的读者，自己家的墙皮只不过是老牛在墙上蹭痒时掉下的"副产品"，抑或是顽皮孩子们打仗用的"武器"，而与文学以及写作无关。

莫言给我们这样的启示

1. 与那些遮遮掩掩、吞吞吐吐的语焉不详相比，以坦诚之语表明心迹，无疑更能获得对方的亲近。

2. 维护自己的切身利益无可厚非，但不应该强加因果，做有罪推论。时间是最有心的考证官，事事都会水落石出。

第 II 讲

名嘴教练：
毕淑敏（当代著名作家）

技巧提炼：毕淑敏讲实话坦率真诚

在当代作家群里，曾获得全国三十多种文学大奖的著名女作家毕淑敏，是一位极富才情且口碑极好的人，所以免不了会有许多记者要求她谈谈对文学的看法。每当这样的时候，她都会毫不掩饰地直接表明自己的观点，给人以振聋发聩之感。

一次，一位记者要求毕淑敏给自己一个定位的时候，她这样讲到："我在事业上会积极努力，我不会在意最终的结果。在家庭里我会爱我的亲人，孝顺我的父母，关爱我的朋友。从幼儿园到小学、中学，我有一个很稳定的朋友圈子，这是我的支持系统。一个好汉三个帮，一个篱笆三个桩嘛……有一个我所热爱的事业，在我从事这个工作时会充满创造性的喜悦。我对外界的评说，常采取一种比较宽容、镇定的态度，它不会强烈地干扰我的内心。我也不会突然间就情绪很高昂或沮丧，我已经基本平稳了。我当然也会有许多不高兴的事情，但它们持续的时间已越来越短了。年轻的时候，我会因为一件事一个星期闷闷不乐，随着年龄的增长，这种不快基本上不会超过一天。"

一位名人应当怎样看待自己呢？这个问题涉及一个人的思想境界和人生态度，所以常常会引起公众的兴趣，并受到媒体的关注。毕淑敏的回答是非常坦诚的。她联系自己的实际，先讲对待事业的感受，再说对待亲人、父母和朋友的情意，最后又谈了工作体验。同时，她还着重讲了自己对待外界评说的态度。这一番朴实而真切的话语，充分体现了一位经历苦难的女作家博爱的胸怀和淡定的品格，满满都是亲和感。

毕淑敏给我们这样的启示

1. 在人际交往中，坦诚示人需要勇气，更需要胸怀。直白未必就不是口才，相反，与逢场作戏、虚与委蛇相比，直白坦诚才是人际交往中稀缺的品质。

2. 与其浮夸地卖弄文采，不如说些实实在在的感受和体会。有些华丽的辞藻在纸上让人跃然心动，但当做平时的话语，却显得矫揉造作。

第Ⅲ讲

名嘴教练：
周国平（当代著名作家）

技巧提炼：周国平聊闲话缩短距离

周国平是当代的著名诗人、哲学家。他著有纪实文学《妞妞，一个父亲的札记》《宝贝，宝贝》，学术专著《尼采：在世纪的转折点上》《尼采与形而上学》，随感集《人与永恒》，诗集《忧伤的情欲》，以及《悲剧的诞生》《偶像的黄昏》等多部著译作。

大学里曾流传一句话："男生不可不读王小波，女生不可不读周国平。"周国平的作品以其文采和哲思赢得了无数读者的青睐，无论花季少女还是花甲老人，都能从他的文字中收获智慧和超然。一次，周国平在上海温州商会发表题为"哲学的世界与企业家的世界"的讲话，有这样的开场白：

杨介生会长让我来和诸位老总讲一讲哲学，我感到很荣幸。我一向敬佩温州人，因为我知道，新时期中国的私人经济是在温州率先突破的，你们是中国改革的先锋。温州人有两大特点：一方面敢闯，"敢为天下先"，富于进取冒险精神，温州靠海，这是海的精神；另一方面，温州多山，温州人又秉承了山的特征，脚踏实地，勤劳务实。这两个优点结合起来，使你们势不可挡，向中国各地进军，向世界各地进军。在世界许多地方，包括在巴黎这样的大都会，都有"温州街"，温州人在那里做生意，顽强地生存和发展，特别有生命力。我认识温州人，就是从一个在巴黎长大的温州女子开始的。若干年前，她自己来找我，因为读了我写的《妞妞》，很喜欢，想跟我聊聊。我见了她，有三个惊奇：第一惊奇她的漂亮，真是美女；第二惊奇她的见识，跟我谈《妞妞》，谈别的事，都非常到位；第三惊奇她的富有，当然没有你们富有，但比我富有得多。现在她是我们一家人的好朋友，我太太把她封为我的"干老婆",我说你真狡猾,一开始就定性为"干",没有发展前途了(笑声)。不过,虽然是"干",好歹是"老婆",所以我和你们温州人还有点亲戚关系呢(笑声、掌声)。

演讲也是我们日常生活中一种十分重要的沟通手段。演讲时,倘若听众与演讲者之间的心理距离太大,就会削弱演讲的现场效果。因此,有经验的演讲者往往善于用闲话来亲近听众。这样的闲话会让听众真切地感受到一种语言亲和力和心理认同感,有助于演讲的顺利进行并取得实效。

进入正题之前,周国平首先从对温州人的感受讲起,称赞温州人是"中国改革的先锋",非常形象地描述了温州人的两大特点:敢闯——海的精神,踏实——山的特征。这实实在在、谦和得体的赞美之辞,立刻拉近了同温州听众的心理距离。接着,他还特别谈到了自己认识一位温州女子的过程,以及对该女子的印象,说明自己与温州人之间的"亲戚关系",同温州人套起近乎来。这样一番闲话,看似冗长,实则必要。因为它一下子就使演讲者亲近了听众,为进入正题做好了心理准备和情感铺垫。

周国平给我们这样的启示

1. 一个人应该把优秀放在第一位:你要成为一个优秀的人,而不是一个成功的人。把成功看成是优秀的副产品,首先让自己优秀,在优秀的前提下,争取成功。

2. 直白是一种勇气,会说话是一门学问,会聆听则是一门高深的学问。

名嘴交际技巧笔记

读者在人际交往中要知人而交。意思是说，和自己了解的熟人，应该多一点信任，少一些猜疑。

1. 你怎样，世界就怎样。我们常说，命运掌握在自己手中。其实，和他人交往时，你种下了什么，便会收获什么，别人在内心就会怎样评价你，对你投以怎样的眼光。所以，别人看你的眼光是由我们自己决定的。

2. 待人真诚，敞开心扉给人看。你越是披披藏藏、闪烁其词，别人越想窥视个中究竟，也越会对你指指点点，到时候，没事也变得有事了。

第4节 谨言慎行,坚持背后说人好话

> **名嘴教练**　　孟非背后夸乐嘉
> 　　　　　　　　鲁豫正面评李咏
> 　　　　　　　　沈星夸人花样多

现实中存在这样一种现象:明明对别人有意见,明明对某些决议有看法,却当面不说,背后乱说。该敲"当面锣"时偃旗息鼓,该禁"背后鼓"时敲个不停。这些人真心讨人厌。

我们提倡,有话说在当面,事后莫论人非。而且,背后也要说人好话。

和当面说人好话相比,背后说人好话,不仅会让人更了解你所盛赞的人,还能使被说者在听到别人"传播"过来的好话后,感受到你的善意和帮助,从而增强对说好话者的信任感。

第1讲

名嘴教练：
孟非（江苏卫视著名主持人）

技巧提炼：孟非背后夸乐嘉

自2010年1月起，乐嘉与孟非搭档，主持《非诚勿扰》节目。节目中，二人一个唱红脸、一个唱黑脸，节目收视率名列全国前茅。对搭档很挑剔的孟非说："性格色彩测试这个研究专业，造就了乐嘉敏锐的洞察力，加上他点评时言语犀利，使得我俩相互衬托，让节目熠熠生辉。乐嘉是迄今为止和我在电视上唯一配合愉快的人"。虽然这样，但工作以外，二人相互之间并不感冒，近乎是平行线，甚至连一张合影都没有。2013年6月，乐嘉正式宣布离开《非诚勿扰》，孟非通过微博送上祝福："乐嘉对于《非诚勿扰》的历史贡献和对于我个人的意义已经不需要再多说什么。他一直在尝试和挑战未知的可能，并享受这一路的过程，是一个坚持不懈的传道者。祝福永远在路上的乐嘉。"乐嘉也表示："和孟非共事这段经历是人生中的转折点。没有这个机会，我不可能在大众平台上得以展现。孟非是我一生中可遇而不可求的知己"。

孟非与乐嘉同台主持《非诚勿扰》节目，虽然他们在生活中交集不多，但对于在工作中的完美搭配，孟非对乐嘉的表现是称赞有加。当乐嘉离开《非诚勿扰》节目另谋出路后，二人已经各奔前程，而此时的孟非仍然对乐嘉的能力和业绩表示肯定，并对对方的离开表示理解、送上祝福。鲁迅说："人生得一知己足矣，斯世当以同怀视之"。与人共事时，我们要看到对方对自己的帮助；分手后，更要放弃杂念，心口一致地评价对方，这样才能被对方视为知己。

孟非给我们这样的启示

1.背后说人坏话，坏了别人名声，也损了自己人格。所以，背后说人好话，是让自己远离流言纠纷的好办法。

2.背后说人，即使是好话，也应该在被动的情况下去说。不要过于主动，更不要无故夸大，脱离实际。比如，一个人没有那种特质，你却说他有那方面的资源和优势。背后夸人也不要给人添麻烦。

第 11 讲

名嘴教练：
鲁豫（凤凰卫视著名主持人）

技巧提炼：鲁豫正面评李咏

在安徽卫视《超级演说家》节目的启动仪式上，李咏在现场颇有火气，屡屡放炮，一度还与选手互掐。随后，李咏拒绝接受媒体采访，剩下鲁豫一人面对媒体。记者问她怎么看待李咏今天的表现，鲁豫说："咏哥在其他节目中的亲和力和幽默感大家都是熟悉的。出现今天这样的状态，是因为他录制《舞出我人生》总决赛，已经有40多小时没睡觉了。40个小时啊，够厉害的吧。要是我早趴下了。尽管很累，但想到已经说好了要在这次启动仪式上跟大家见面，他还是拖着疲惫的身体来到现场。如果真的有观众对他今天的表现不是很满意，也希望大家能体谅些。"李咏事后也意识到自己不该让疲惫影响自己的心情，冲别人发火，他对鲁豫的仗义执言表示感谢。

在节目启动仪式上，李咏的言行举止让观众很不买账。记者询问鲁豫对此事的看法时，鲁豫并没有人云亦云，批评李咏状态不佳，而是坦言李咏之所以出现这种状态的背后原因，然后从敬业、诚信两方面为李咏说好话，为其解围。在观众面前，鲁豫展现的是一种理解他人、肯为他人着想的品质。不仅赢得了李咏的感激，也提升了自己在观众心中的形象。

鲁豫给我们这样的启示

1. 背后说人的好话，一旦传到对方耳中，因为这是喜出望外、没有预期的，更易让对方感动于你、信任于你。

2. 有人说："背后说人好，当事人又听不到，岂不是打水漂了？"是的，但我们转念一想，要是背后说人好话，听者传话就帮了你，不传话也能让听者对你刮目相看。

第Ⅲ讲

名嘴教练：
沈星（凤凰卫视著名主持人）

技巧提炼：沈星夸人花样多

关于沈星的美究竟有多大杀伤力，早在沈星还在北京电视台主持《魅力前线》节目时，就有人做过调查：逢她出现在镜头前时，收视率就直线攀升；一旦画面中没有沈星，收视率就会下滑。去了凤凰卫视后，台里也没有打算把沈星打造成第二个吴小莉或陈鲁豫。沈星就是沈星，因为够漂亮所以被挑中，她只需继续漂亮下去就可以。不过，沈星自己觉得，身在职场仅靠脸蛋太不靠谱，会做人才能一路畅行。沈星有多会做人？听听阮次山的评价：听她夸你，比吃她做的菜还过瘾。

凤凰卫视的当家小生姜声扬是个语言天才，普通话、英文、法文、粤语全都得心应手。可沈星连粤语都说得磕磕巴巴。以前沈星没话找话，问他这么多语言怎么学的，他答慢慢学的，非常冷场。后来赶上急性角膜炎流行，为防止被传染，姜声扬戴了一副平光眼镜来上班。沈星觉得机会来了，以惊艳的表情说："没想到你这样阳光型的帅哥竟透出儒雅的味道。"姜声扬笑了，沈星又穷追不舍，从他的脸型适合什么镜框，到他的肤色适合什么材质，再到什么颜色的镜片最能展示他的特色……一通闲聊后，姜声扬美滋滋地走了。后来，所有人都发现，姜声扬一个星期起码有四天鼻梁上架着眼镜。据说他回中国台湾探亲时，随身带了四副不同的太阳镜。再以后，沈星的粤语就过关了，当然是在姜声扬的悉心指导下。

凤凰卫视的名嘴吴小莉，或许因为听过太多赞美，对于顺耳的好话产生了免疫力，清一色是模式化回一声"谢谢"。沈星注意到，吴小莉闲聊时经常提到我家女儿如何，我家Renee怎样。沈星就装作无意地跟她说："都说你的面相是福相，可我看你女儿更有福相。"吴小莉喜上眉梢，说："真的吗？唉，有人说我家Renee脸大，不漂亮，漂亮有什么用，有福气才最重要嘛。"别出心裁的先抑后扬，勾得吴小莉母性大发，也对沈星好感倍增。后来，沈星做了一罐醉虾带去跟同事分享，很少凑这种热闹的吴小莉特别积极，用纸巾托着吃了几只，大赞好味，还拜托沈星多做一罐给她带回家。

就这样，沈星把公司上下花样翻新、创意不断地都夸了一遍之后，她就成了极受欢迎的主播，每个人看到她都笑容可掬。

沈星给我们这样的启示

1. 脱口而出的妙手偶得只是少数。真想一语破的，需要提前做功课，多观察多分析，才能知晓对方需要怎样的赞誉。有的人可以直抒胸臆地夸，有的人必须拐弯抹角地赞。

2. 对善意的人可以夸，对不那么友善的人，夸奖也许比谩骂有效，至少可以减少正面冲突的可能性，缓和尖锐的矛盾。

名嘴交际技巧笔记

为避免是非，最好不去议论别人。当然，我们不能避免的是，有人在你面前议论别人时：你不回应，别人说你不真诚；你若回应，难免落入是非。

1. 以静制动，你可以保持微笑。除非在不得不议论的时候，如果是熟悉的人，可以多从欣赏的角度去谈谈自己的感受。反之，则可以用"我其实并不了解他"来推脱。

2. 即便是夸人，也要做些功课。原则是：①多谈对方得意之事；②多谈对方的成功经历；③多谈对方对自己的影响和帮助。

第5节 明道说理,说话也要坚守底线

> **名嘴教练**　　梁朝伟"要做真汉子"
> 　　　　　　　韩寒不逼同行成冤家
> 　　　　　　　王宝强"傻人有傻福"

不久前,国内某高校校报学生记者团在校园里设立了一个"无人售报点"。一木牌上面写着:当日报纸,每份两角,自投钱币,自找零头。这意味着:我信任你。

一开始,报钱回收率高达100%。不久,回收率下降,几个月后下降至30%。每日从报摊上拿报而不付钱者逐渐增多,连成本都收不回来。组织者感叹:"原本是要倡导一种文明,没想到'无人售报点'却成了校园中最不文明、最不自重、最无底线的地方。"

谈到底线,或许有的读者朋友会说这是小题大做,不要总把每件事情都上升到底线的高度。或许,抱这个观点的朋友,都是没有遭遇太多被人逾越底线而损害其利益的人。

我们所生活的这个时代,社会万象光怪陆离,充满诱惑,矛盾。面对纷繁复杂的世界,谁都会有点小私心,打点小算盘。

是的,每个人都可以自顾自地活着,但是做事没有一点原则,突破了底线,或者说话没有是非界限,还是会受到公众的指责。

第1讲

名嘴教练：
梁朝伟（著名影星）

技巧提炼：梁朝伟"要做真汉子"

2008年，相恋19年的梁朝伟和刘嘉玲终于踏上了婚姻的红毯。几乎所有的女人都开始羡慕沉浸在幸福中的新娘，毕竟不是每个女人都可以幸运地遇到愿意守护她一生的男人，也不是每个男人都如梁朝伟这般用尽心思，只要需要，便出现在爱人身边与之共同进退。然而，就在10年前，香港某周刊刊登了刘嘉玲多年前遭黑帮劫持、强暴时的上半身裸照，一时间舆论哗然。那时梁朝伟与刘嘉玲的恋情已经公开，作为男人，梁朝伟的心理压力不言而喻。他一方面为刘嘉玲消除影响，一方面责怪自己未能保护好女友，正在拍摄《阿飞正传》的他固执地要求："我要陪她，我不拍戏了！"毅然地推掉了片约陪着刘嘉玲。在刘嘉玲心里满是黑色的日子里，梁朝伟真诚而深情地对刘嘉玲说："如果你真的不开心，我们就一起离开娱乐圈，你到哪里我都陪着你！"就这样，梁朝伟与刘嘉玲相恋多年一直不离不弃，最终有情人终成眷属。

爱上一个人也许仅是一瞬间的事，而守候一个人则需要一辈子。说一句"爱你"需要多长时间？有的人需要一秒，有的人则用了19年，只用一秒的人未必不真诚，但能用人生三分之一的时间去守候一份爱情，这世间能有几人做得周全？

只要愿意，身为影帝的梁朝伟完全可以"情事连绵"，但他许多年来宁愿在刘嘉玲这棵树上"吊死"，这是因为"不离不弃"是梁朝伟对刘嘉玲的底线。他坚持与女友同进退的这番"爱情宣言",用语不多,却彰显了他对爱情不离不弃的一份忠贞,是一位"真汉子"的本色言行,足以感动刘嘉玲,让她感到他是值得依靠终生的爱侣。

梁朝伟给我们这样的启示

1.夫妻本是同林鸟,大难临头各自飞。这句话通俗易懂,却是对感情悲观绝望的内心写照。即使是与自己的家人、爱人、朋友相处也要坚守底线,那就是最基本的信任、最真挚的关爱以及最无私的付出。

2.没有安全感的游戏让人忐忑不安,没有安全感的爱人让人心疲力竭,没有安全感的朋友让人避之不及。要想巩固与人的感情,首先要守住自己的心。没有安分的底线,难有长久的情谊。

第 II 讲

名嘴教练：
韩寒（作家，赛车手，导演）

技巧提炼：韩寒不逼同行成冤家

作为80后作家的领军人物，郭敬明和韩寒一直被人拿来比较。二人在图书销量上不分高低，富豪榜上也是你来我往。继郭敬明借《小时代》"触电"成功之后，韩寒也拍了一部《后会无期》与之暗自"较劲"。在电影《后会无期》的新闻发布会上，影片出品人于冬、路金波，导演韩寒，主演冯绍峰、钟汉良、陈乔恩、王珞丹出席活动。在发布会现场，韩寒面对媒体提问，谈及"冤家"郭敬明和他的《小时代》时，却大方称赞其"做得很不错"。

韩寒说："做导演是我一直想做的事，很多事情不是谁做得早，而是谁做得好。郭敬明是个非常努力的人，有独到的商业眼光，但我们志向不同。作为一个商人，他做得很成功。他的确在自己的类型里找到了非常合适的受众，做得很好。"

韩寒对郭敬明的此番盛赞受到网友的一致称赞。

俗话说，冤家路窄。郭敬明与韩寒"不是冤家不聚首"，《后会无期》撞期《小时代3》。但在韩寒谈及"冤家"郭敬明时，大度淡然。他从欣赏的角度，认可郭敬明的勤奋与商业眼光。这说明，"冤家"固然是"对头"，但不是"仇人"；同行可以争高下，但未必不容他人生存。所以，韩寒对郭敬明的这番盛赞，理应受到称赞。

韩寒给我们这样的启示

1. 同行是竞争对手，但绝对不是冤家对头。与其竭尽全力去争夺市场一隅，挤兑对方，不如互补共济。同行可以一争高下，但未必要绝人之路，不容他人生存。

2. 任何人都有优点，即便是自己的竞争对手。如果一味地贬低和抹黑对手，也会颠倒了自己的黑白。

3. 多欣赏别人，哪怕他有诸多缺点。因为欣赏是一种力量，有时一句欣赏的话，足以唤醒他内心的善良，激发他前行的勇气，并由此改变他的一生。

第Ⅲ讲

名嘴教练：

王宝强（影视明星）

技巧提炼：王宝强"傻人有傻福"

王宝强出生于河北农村，后来到北京闯荡，在各个剧组做群众演员。命运似乎很眷顾这个看上去普普通通的孩子。16岁时，王宝强被导演挑中，主演电影《盲井》；2004年，被冯小刚选中出演电影《天下无贼》，并以其朴实的个性和言谈而一炮走红。

两年前，在某知名论坛上，由网友投票选出的"80后十大影响力人物"中，农民出身的王宝强榜上有名。此榜一经揭晓便引起社会各界的广泛关注，因为其被认为是最能代表全国网民声音、最客观的排行榜。业内资深人士指出，王宝强能获得网友的支持，是因为王宝强所代表的是广大的"草根"阶层，许多奋斗中的年轻人都能从他的身上获得安慰、寄托和力量。

因此有记者这样问他："你从小时候起，似乎就不被人家看好，就是有点被瞧不起，然后就这么一路走来。等到你真正走红了，特别是在电影《天下无贼》放映之后，你还会有自卑感吗？"

"我没有自卑感了。我为什么还要自卑？我不自卑，我所取得的成绩已经能让我充满自信了。而过去的自卑，是从哪里开始的呢？是在少林寺自卑了一段时间，那会儿师兄弟也鄙视过我、打击过我；然后在北漂的时候，我也受到过打击。那时候我就觉得，自己不自信，很自卑。"王宝强说，"直到拍了《盲井》之后，我就拥有了自信，等拍完了《天下无贼》，那完全就是自信满满了。我还怕什么呢？像刘德华、冯小刚这样的人都与我合作过了，我还有什么不自信的呢？"

一路走来，王宝强扮演的角色尽管受到不少人青睐和赞赏，但也有很多观众对他太过本色、缺少突破的表演提出了质疑。面对这些"不友好"的声音，记者问他是如何看待的。

王宝强十分幽默地回答道："我只有这样一张脸，因此也变不了太多。我一直都十分期待饰演一个能与自身有反差的角色。但我害怕如果我演得不错，又会有人说我在本色表演。"

他的回答赢得了全场记者的一片掌声。

王宝强从一个普通农民成长为一位当红的明星，这里面肯定会有一段艰辛的心路历程。面对记者的提问，他敞开心扉说亮话："我没有自卑感了。"并且连用两个设问句强化内心的这种感受，述说自己从自卑到自信的心理变化过程。这一过程是真实可信的，因为它完全符合王宝强从幼稚到成熟的性格发展逻辑。最后，他又用两个反问句，强调了现在自己心中真实存在的自信心，让人情不自禁地为他的自信和成熟叫好。

面对质疑，王宝强巧设比喻，用自己的"脸"喻示"本色"，来说明自己的本色表演"变不了太多"，委婉幽默而又富有哲理。在表达了自己对出演反差大的角色的期待后，他又用"但我害怕如果我演得不错，又会有人说我在本色表演"的假设推理来巧妙地回答质疑，不仅化解了窘境，还显示出他的真挚、幽默和宽容。

王宝强给我们这样的启示

1. 在交往中应坚持正确的社会交往原则。只有真诚地对待别人，别人才能信任你、尊重你，才愿意和你交朋友。

2. 吃亏是福，往往被人称作是"傻子"的人，其实才是人生真正的大赢家。面对吃亏、面对挑战、面对强欺，越是针尖对麦芒，越容易阴沟里翻大船。

名嘴交际技巧笔记

做一个有底线的人其实是一件非常简单的事。

1. 花香而蝶来，心正而德居。与人交往要平心而交。你把心掏给别人，别人自然会对你亲近。

2. 不自欺欺人，不逼人太甚。冤家路窄时，我们不妨让人一步，不仅不会被人落下太远，还会少树一个敌人。

3. 吃亏是福。你终始如一，别人自能识你本色。

第 6 节　笑对非议，言语之间吐纳胸怀

> **名嘴教练**　　余秋雨意味深长对非议
> 　　　　　　　　孔庆东伶牙俐齿化干戈
> 　　　　　　　　余光中智慧幽默巧解疑

从普通人到公众人物，其间或多或少都会受到这样那样的非议。面对流言蜚语，你是奋起反击还是巧妙化解？这就取决于你的交际智慧和口才表达能力。

第1讲

名嘴教练：
余秋雨（著名学者、作家）

技巧提炼：余秋雨意味深长对非议

余秋雨是中国著名的学者和作家，他的系列文化散文享誉海内外，其口才也同样不俗。

有一次，余秋雨应邀到湖南岳麓书院演讲。在回答听众提问环节，有位同学提出"如何对待别人的批评"的问题时，余秋雨略一思忖，妙语脱口而出："……但是，有的时候也不想反击了，因为，我已经表达过了。我有一个朋友开玩笑，指着我说：'余先生，你可能身上有伤疤。'我说：'我没有伤疤。'于是我就把衣服脱下来。但我却忘记了，当众脱衣服的动作比指责你有伤疤还要糟糕。"

最后，余秋雨用两句话评议了对他的种种非议："多年来，我得到的荣誉太多了，需要有一些非议来平衡一下。人没有非议是不真实的，非议就像人的影子，人越高，影子就越长。"

在回答这位学子若有所指的提问时，余秋雨借用了一个朋友开玩笑的事。实际上就是用"脱衣服"做比喻，说明有些时候被人指责，无谓的辩解不但无益反而有害的道理。余秋雨带有总结性的两句话言简意赅，寓意深长。"人没有非议是不真实的，非议就像人的影子。人越高，影子就越长。"他把非议比作人的影子，揭示了非议产生的必然性。正如"人越高，影子就越长"一样，越是名人非议越多。

余秋雨的这两句话，把他对待非议的态度巧妙地蕴涵其中。他视非议"如影随形"，表达了他面对非议的平静坦然。绝对的自愈系高手！

余秋雨给我们这样的启示

1. 是非天天有，不听自然无。无视非议，总要比面红耳赤地去辩解要从容得多。给真相些许时日，真相大白时，一切质疑声就会戛然而止。

2. 诚如余秋雨所说，非议像人的影子。那么与非议叫板就像与自己的影子较劲一样，只能是自讨无趣。

第Ⅱ讲

名嘴教练：
孔庆东（北京大学教授、著名作家）

技巧提炼：孔庆东伶牙俐齿化干戈

孔庆东是孔子第73代直系传人，北京大学中文系教授。他曾在电视台和大专院校讲授金庸小说，广受欢迎，人称"北大醉侠"。

如今的社会，名人往往都会成为炒作的对象。无风还能兴起三分浪，要是在言语上出些纰漏，那可能就会成为众多媒体的话题。曾经有记者和孔庆东谈他的两本新书，语言相当尖锐。记者说："现在某些名人出书，往往只有封皮最有内容。你怎么看？"暗指一些名人出书敛财，言语之间把矛头指向孔庆东。问得绝，孔庆东回答得更巧妙。

他故作严肃地回答道："嗯，你说得没错，现在的确有名人出书圈钱的负面报道。所以我想啊，净是他们名人出书了，也总该轮到咱们老百姓了是不是？"话音刚落，全场就爆发出一阵笑声，随后是热烈的掌声。

孔庆东敢说人之不敢说，敢笑人之不敢笑，笑骂戏说之间将人情世故剖析得清清楚楚。若干年前，刚刚走上讲台的孔庆东一脸胡茬儿，貌不惊人。听课的学生们还差点把他当成了电工师傅。可就是这样一个不修边幅、生性洒脱的人，凭借着自己幽默的口才神功，在人才济济的北大开创了自己的一番辉煌事业。

孔庆东并没有正面回答对方略带挑衅的非议，而是巧妙地回避了冲突的重点，将大家的注意力引到一旁。可以试想，如果当时孔庆东言辞激烈地回答对方，势必会造成冲突，那样难免会伤害彼此之间的感情。这样一句玩笑话说出来，不仅维护了自己的尊严，同时也保住了对方的颜面。尊重别人，也就是尊重自己。给了别人面子，也就是在帮自己的忙。幽默的口才让孔庆东和不少对手成为了朋友。

孔庆东给我们这样的启示

1. 要接受非议的客观存在。生活中你不可能总是得到鲜花和掌声，不管你是谁。

2. 越是棘手，越要幽默。那个置你于难堪之地的人，就是想看到你急赤白脸的样子。面对非议，有胸怀才有气量。抓住非议的"小辫子"幽他一默，展现你的胸怀，也是应对非议的最好办法。

第Ⅲ讲

名嘴教练：
余光中（中国台湾著名诗人）

技巧提炼：余光中智慧幽默巧解疑

余光中是我国台湾的著名诗人、散文家。他那首脍炙人口的诗作《乡愁》至今还保留在中学语文教材上，为大家所熟知并为之感怀。一次，余光中先生应邀出席"中国校园文学研讨会"，年近耄耋的余先生发表了精彩的演讲并与听众进行了现场交流。他谈吐风趣幽默，不仅折射出他思维的睿智和严谨，也让听众在笑声中领略到了他富有魅力的"金口才"。

会上，余光中深情地朗诵了自己的诗作，但大家并没有听到那首著名的《乡愁》。于是在现场交流环节中，一位听众说："您的《乡愁》打动了无数人的心，您此刻有没有乡愁？我很想听您朗诵这首诗！"面对提问，余先生幽默地表达了他的无奈，说："今天在这里我本来不想提《乡愁》的，但是我拿它没办法。我写过将近1000首诗，很多人说我是诗人，大概他们也就只读过一首《乡愁》。这首诗变成了我的名片，但这张名片太大了，把我遮住了，见诗不见人。我现在走到哪里，都会有人马上把《乡愁》背给我听。三十多年前写这首诗，我只用了20分钟，但从我离开大陆后，这种思乡的感觉在我心里一直没变。"最后，余先生还是深情地朗诵了这首《乡愁》。

余光中与来自全国各地的与会者继续交流。这时，一位女士问他："您曾经有过'妻子、情人、外遇'的言论，给我留下了深刻的印象，现在您还是这样看的吗？"

余光中说:"诗与散文不一样,诗是专业文体,专门用来抒情。而散文的任务很杂乱,可以用来应付生活中很多事情,比如写书信、记日记、写报告等。所以我曾经打比方说,诗是情人,专用来谈情说爱;散文是妻子,一会儿要进厨房,一会儿要管小孩子……结合我过去的经历和感情,如今我要说,大陆是我的母亲,中国台湾是我的妻子,中国香港是我的情人,欧洲是我的外遇。今天我还要说的是,我《乡愁》中那句'我在这头,新娘在那头'的'新娘'也来到了现场!"说着向大家介绍了坐在第一排的范我存女士,范女士款款向观众鞠躬致意,会场在爆发出轻松的笑声后,再次响起了热烈的掌声!

余光中一生从事诗歌、散文、评论、翻译,并称其为自己写作的"四度空间"。作为当代诗坛健将、散文大家、著名批评家、优秀翻译家,他至今驰骋文坛已逾半个世纪,因其涉猎广泛而被誉为"艺术上的多妻主义者",所以便有了"诗是妻子,散文是情人,评论和翻译是外遇"的奇谈妙论。而他的人生旅程也颇为丰富曲折:生于江苏南京,后随父母迁香港,然后赴台求学,再后来赴美进修,后又返台定居。

他从感情角度将文学体裁和地理坐标比作情人、妻子、外遇、母亲,不仅形象贴切,而且生动诙谐,也十分切合他自身以及听众的内心情感,从而引发共鸣。他的这番奇谈妙论不仅让我们感知到了他的情感重点所在,也领略到了他的才情与文采。更重要的是,让听众看到了他在思维上表现出来的机敏与睿智,在口语表达上散发出来的幽默与精彩!

余光中给我们这样的启示

1. 不是所有的质疑都要严肃地去解释才能得到别人的理解,有理不在声高,幽默之中,更容易让别人认同你的解释。

2. 遇到质疑,说不清道不明的时候,也不要害怕。打个比方,用类比或者比喻的方式,或许就能解释清楚了。

名嘴交际技巧笔记

1. 我们在与他人的交往中,难免会被无辜地伤害或贬损。面对他人的无理和冒犯,不妨这样想:别人如此冒犯,或许是自己有错在先。如果我们都能平心静气地对待,事情就不会这么糟糕,友谊也会更长久。

2. 面对打击你自信的流言蜚语,你无法改变他人的言行,但是,你可以选择如何面对!你对待非议的态度,决定着别人看待你的眼光。

第7节 巧求妙劝，让对方顺遂心意

> **名嘴教练**　　徐悲鸿三请齐白石
> 　　　　　　　　张漫劝齐秦上《我是歌手》
> 　　　　　　　　吴军为周迅找回自信

或许，就在刚才，你还在埋怨那个没有帮助过你的人，更可恶的是，他还好偏心：你求他办事，他爱理不理；别人求他，他却屁颠屁颠地唯马首是瞻。

真是气煞人也！

嘘！你不必开口了，我已经了解了事情的大概，更知道他为何不愿帮你了。

在生活中，我们如遇见难以克服的困难，总免不了向人求助。然而，求人办事，大有学问。很多时候，同样的请求内容，不同的人用不同的方法和语言表达出来，得到的结果常常是不一样的。有人说得对方心情愉快，别人真心实意地给予帮助；而有些人因为谈吐不当，不仅得不到帮助，还伤了和气。

第1讲

名嘴教练：
徐悲鸿（著名书画大师）

技巧提炼：徐悲鸿三请齐白石

1929年秋，徐悲鸿出任北京艺术学院院长。他觉得如果能聘请像齐白石这样充满生活激情的画家到学校任课，不但能打破教员中陈陈相因的沉闷空气，而且能给学生带来鲜活而生动的新内容。一天，徐悲鸿来到位于西单跨车胡同齐白石的寓所。问候过后，他说明来意："齐老先生是闻名遐迩的画坛大师，我想请您来艺术学院任教。"齐白石婉言辞谢："承蒙徐院长看重，只是我已经六十多岁了，耳朵有点背，眼睛也有些花，恐怕会辜负徐院长的一番美意，所以，我不能接受您的请求。"

"大学的教授中，古稀之年还不少呢！齐先生老马识途，如果您能前来点拨、指导学生，是他们的荣幸，恐怕没有几个人能担此重任啊。我希望齐老先生挺身而出，把自己的本领传授给学生。"徐悲鸿一再诚恳地劝说。

齐白石还是不答应："教授责任重大，徐院长还是另请高明，以免误人子弟。"

两天以后，徐悲鸿再次登门拜访，又是盛情邀请，齐白石又以年老为由推辞。求贤若渴的徐悲鸿不愿就此放弃，他百忙中第三次来到齐白石的家里，诚恳相邀。齐白石感动之余，解释了"恕难从命"的真实原因："年老体衰而外，是因为老朽木工出身，并未进过学堂，登台教授缺少经验，恐引教师非议，又担心顽皮学生捣蛋，连课都上不成。"

"齐先生的担心我能够理解，但您也完全没有必要为此顾虑重重。"徐悲鸿情真意切地道，"教授的资格，在于真才实学，不在于出身。有些留过洋的不也是徒有虚名吗？齐先生融合传统写意和民间绘画的表现技巧，艺术风格独特。不但能教学生，也可教我徐悲鸿。"

"不敢，不敢，徐院长太谦虚了。"齐白石连连摇手。

"事实正是这样，我并不是故作谦虚。"徐悲鸿接着保证道，"齐先生上课时，不必做长篇的理论，只要示范作画、稍加要领提示即可。开学之初，我陪着您上课，为您护驾。以防真的有个别学生不守纪律。"

齐白石发自内心的感动，终于点头了："那就试一试吧。"

人生难遇知己，更何况登门三请？徐悲鸿三请齐白石，不光是对齐白石先生个人造诣的欣赏，更是对中国艺术教育命脉传承的的上心，这体现出一个人的社会责任感。而齐白石不负众望，尽展一代宗师的风范。他们可谓是互为知己。

徐悲鸿给我们这样的启示

1. 把对人的请求融入动情的叙述中，让对方感觉此事非他出山不能解决，使之滋生自豪感；或申述自己的处境，以使对方不忍无动于衷、袖手旁观。

2. 求人时要大事化小，让对方顿生"小菜一碟"的感觉。

3. 没有人生来就是你的秘书和管家，求人一次不成不要大惊小怪，要做好持之以恒的准备，这也是表现诚心的方式。

第 II 讲

名嘴教练：

张漫（著名音乐媒体人）

技巧提炼：张漫劝齐秦上《我是歌手》

湖南卫视引进韩国 MBC 电视台的节目《我是歌手》，在开播初期，由于节目采用末位淘汰制，不少一线歌手都拒绝参加。当节目组找到著名歌手齐秦时，齐秦的经纪公司了解到，该节目还是第一次在内地搬上荧屏，反响如何还不得而知时，一切都得从头开始时，便一口回绝了节目组的邀请。

节目组得知了齐秦经纪公司的顾虑后，请来与齐豫、齐秦姐弟关系甚好的张漫充当说客。如何消除齐秦内心的顾忌，寻找到说服他的突破口呢？张漫想了想，直接找到齐秦说："湖南卫视正在筹备《我是歌手》的节目，本来想邀请你登台演唱。但我想，这个节目采取的是末位淘汰制。你是前辈，我担心你输了，面子上不好看。我想听听你的想法。"

齐秦一听急了："你是说我怕输？这点自信我还是有的！不过话说回来了，重在参与，即便是名次差点儿、被淘汰了也不要紧，我输得起。面子上难堪点，但能看到年轻人青出于蓝而胜于蓝，我心里还是很高兴的。你不是叫我前辈吗？就算是我为年轻人做点事情吧。"于是，齐秦加盟了《我是歌手》。

张漫想请齐秦参加《我是歌手》和新生代歌手较量，可要依着自己的心思把这话说白了，反而让对方顾虑重重，不肯轻易答应。于是，她索性来个"心口不一"，大谈自己如何为对方考虑，担心此事将会对其造成怎样的不利影响，激得对方兴起，主动提出加入。张漫巧用激将法，激起对方的好胜心，让其当即主动说出自己本来要表达的意思。当对方怕丢面子而内心难以抉择时，巧用激将法，可以促使对方放下包袱，轻装前进。

> **张漫给我们这样的启示**
>
> 1. 请将不如激将，有时候用激将的口吻向对方说出自己的想法，反而胜过千言万语。
> 2. 激将时，要找准对方拒绝的真正原因，尽量做到一激即中。

第Ⅲ讲

名嘴教练：
吴军（著名演员）

> 技巧提炼：吴军为周迅找回自信

作为和周迅配戏最多的两位男演员之一，吴军与周迅既是戏中的黄金搭档，又是生活中的好朋友。但他们在出演《生死劫》时，开始的合作并不顺利。周迅因为对自己的表演不自信，曾几度想放弃。但吴军鼓励她说："你是一个在表演上很富于变化的女演员。你看，在拍完《人间四月天》后，当我们又在《买办之家》剧组合作的时候，我就突然觉得你不一样了，那个你完全不是原来演林徽因的那个周迅了。你一旦进入角色，就能很快地融入那个人物。每演一个人物，你都会找到自己不同的一面，带给观众不一样的感受。"

此后，周迅总会把自己遇到的问题与吴军及时交流，他们的合作也变得越来越默契。并且，凭借在电影《如果·爱》中的出色表演，周迅一举摘得香港金像奖最佳女主角桂冠，为自己的演艺生涯增添了浓墨重彩的一笔。

"尺有所短，寸有所长"，每个人都会碰到自己迈不过去的坎。每当这时，我们就会变得特别不自信。怎样才能重新振作起来呢？此时，身边人的话语就显得特别重要。当他们用我们曾经引以为傲的经历和表现给予我们鼓励时，效果往往非常显著。吴军用之前合作时周迅那善于融入角色的成功表演经历激励她，让她通过回想往日的表演重新找回自信，从而使他们的交流变得更加顺畅，也使得他们的合作更为默契。

> **吴军给我们这样的启示**
>
> 1. 现在的失败和受挫，会让朋友对未来迷惘彷徨，此时我们不妨来个"倒带"，用他以往的成功经历重燃其奋起的信心。
>
> 2. 多谈对方的得意之事，但也要实事求是。只有所说的经历是当事人引以为傲的事实，说服才会变得事半功倍。如果对方没有这方面的经验和经历，编得再好也无济于事。

名嘴交际技巧笔记

俗话说："砖头瓦片能垫地，世上谁能不求人？"此话不谬。人生在世，谁都难免有求于人。求人不是一种耻辱，也不是一种屈服，但求人不是件容易的事，求人应会巧开口。聪明的人能以机智的语言打动对方，以达到求人的目的。

1. 有求于人时，话要捡好听的说。这人人都懂，但未必人人都"说"得好。有些人给予的不是恰到好处、实事求是的称赞，而是不着边际的奉承，甚至是肉麻的吹捧，这样只会适得其反。

2. 倘若向关系一般或不太熟悉的人求助，可以采取"曲线求助"的方式，找其最为信任的朋友牵线搭桥，可以起到事半功倍的作用。

3. 如果是上司请求下属做事，可以折节下士，移樽就教，打着"合作"的诚意去与下属沟通。比如"有件事情需要你的配合"，使下属体验到自己不是单纯在执行领导的任务，而是以一个合作者的角色在完成任务。

第三章 说服别人,"怎样说"比"说什么"重要

要想说服一个人,说话的方式其实比所说的内容更为重要。内容无非就是让他妥协,但怎么说才能让他妥协更为重要。也就是说,"怎么说"比"说什么"更加重要,因为相同的意思,用不同的方式说出来,其效果绝对是不一样的。

"怎样说"包括说话者的态度、说话的技巧、说话的方式、说话的场合,这是一种内外结合的修为。

第1节 实话实说，直抒胸臆动人心

> **名嘴教练**　　张嘉译用实话温暖孙俪
> 　　　　　　　　徐静蕾实话实说回应非议
> 　　　　　　　　吴秀波说实话坦露心迹

"和我说话，你就别绕弯子了""有事说事，别磨磨唧唧……"你有没有这样说过别人？别人有没有这样说过你？

数数身边的朋友圈，总有些人交流起来遮遮掩掩，欲说又止。让你"雾里看花终隔一层"，总是捉摸不透。他就不能实话实说？

"实话实说"是将真实的想法诚挚地说出，是为人处世中一种可贵的品质。

第1讲

名嘴教练：
张嘉译（演员、白玉兰奖最佳男演员奖）

技巧提炼：
张嘉译用实话温暖孙俪

职场励志大剧《浮沉》剧组在上海举行开播新闻发布会时，导演滕华涛携主演张嘉译、白百合等演员齐亮相。

现场有记者提起在前一天晚上的第十八届上海电视节白玉兰奖颁奖典礼上，黄海波打败热门候选人张嘉译、吴奇隆摘得视帝，而该结果饱受外界诟病。对此，与视帝失之交臂的张嘉译倒是很看得开，他说："我觉得很好，每一届都有被认可的地方，每个人也有自己的眼光。"该届白玉兰奖，张嘉译的新搭档小宋佳也凭借《悬崖》击败了呼声最高的孙俪，夺得"视后"。对于这样爆冷的结果，现场记者询问张嘉译对此评选的感受，张嘉译说："因为我也经历过这种热门提名，最后却空手而归的事情。在当时，多少都会有点失落。不过，我一大老爷们儿，扛得住打击。孙俪很优秀，我也觉得这挺遗憾的。我和邓超私交甚好，兄弟的媳妇当然要关心，昨天我和超儿打过电话，让他好好安慰媳妇。但是呢，奖项毕竟只有一个。虽然我有参与《悬崖》的拍摄，但是成片我还没有看过。《甄嬛传》我也没有看。不过我听到很多人说《甄嬛传》很棒，也有很多人说《悬崖》很棒。所以，孙俪加油，来日方长。"

在第十八届上海电视节白玉兰奖的颁奖典礼上，张嘉译可以说是热门人选，遗憾的是，张嘉译未能如愿以偿地获奖。这对意外落选的张嘉译来说，也是一种极大的打击。但是，他不仅能让自己在最短的时间内调整好情绪和心态，还能在第一时间给好朋友孙俪传递鼓励和安慰。他的实话实说既表达了对孙俪的认可，也给孙俪送去了期待和祝福。相信，不管孙俪多么失望，听到好友的力挺，心里也会好受一些吧！

张嘉译给我们这样的启示

1. 我们与朋友在同一时间遭受打击，我们不能只顾着自己悲伤、难过，应该把自己调整到乐观状态，去积极地影响失意的朋友，成为正能量的"铁磁"。

2. 用发展的眼光看待一时的失意，与失意中的朋友抱成团，同病相怜，加深友情。

3. 实在的话语能引导人们往正面去思考问题，激发正能量，从而使人们以积极的心态来面对生活和工作。

第Ⅱ讲

名嘴教练：

徐静蕾（影视明星）

技巧提炼：徐静蕾实话实说回应非议

《中国达人秀》第四季火热开播，梦想观察员集体大换血，著名导演兼演员徐静蕾出任新一季观察员。采访中，记者问徐静蕾："网友们觉得你们的点评不过瘾，似乎没有放开，精彩的点评不多，你觉得呢？"

徐静蕾莞尔一笑，回答道："节目效果好我们就兴奋，节目温吞，我们就不兴奋。哪怕很糟糕的节目，我们也会兴奋，最怕的就是没特点。反正，我就是我自己，节目让我兴奋了我就兴奋，节目让我无聊了我就无聊，我没必要想那么多。关键是，这毕竟不是评委秀，是达人秀，就像参加婚礼，难道伴娘会比新娘还扎眼？"

为抢收视率，选手的比拼不再是唯一看点，惨烈竞争的态势已然蔓延到了台下评委席。现在作为一个电视现象最受关注的评委，其实是作为"专业"的代表出现的。他们给选手提出意见，引导观众看出门道。但是，近年来，评委们承载的更多是"娱乐观众"的功能，成为越来越难以忽视的角色。说学逗唱无所不来，内讧、吵架、翻脸、言和……你能想到的戏码，翻来覆去地上演。这样一来，选手多遭遗忘，评委频频吃香。在众人皆"秀"的氛围里，徐静蕾依然保持真诚的自我，这种不跟选手抢风头的"伴娘论"，实话实说，毫不矫揉造作、虚与掩饰，让人佩服。

徐静蕾给我们这样的启示

1. 不管是在什么时候，也不管是在什么情况下，永远明白自己的位置，演好自己的角色。该你唱主角的时候你就唱，该你扮配角的时候你就扮，不要鸠占鹊巢，做些喧宾夺主的事情。如果让他人陷入被动，自己也会陷入尴尬。

2. 和朋友聊天聚会，心中一定要有主次之分。有时，让自己尽量安静地待在一边，即使是做一朵衬托红花的绿叶，也比自己事事出头要强得多。

第Ⅲ讲

名嘴教练：

吴秀波（影视明星）

技巧提炼：吴秀波说实话坦露心迹

因出演《黎明之前》，吴秀波捧得无数人气大奖，在出席颁奖典礼时，有记者问："您现在是拿奖拿到手软啊，有没有想过将来拿个国际大奖，您的理想是什么呢？"

吴秀波莞尔一笑，说："还好，拿奖到手软而不是心亏。作为演员来说，得了飞天奖怎样，还有奥斯卡；得了奥斯卡怎样，还有格莱美；得了格莱美怎样，你又不是雨果，也不是达·芬奇，更不是莎士比亚。比起那些巨人你永远是有差距的。但巨人们都具备一个素质，就是他们在做的时候，没想过要得这些奖。如果一个人永远想着这些东西，他就不可能成为巨人。人生是一张考卷，你才答了一道题，怎么就开始谈理想，想着算分数呢？我总觉得人最重要的是把自己现在的事情做好，而不是怀抱理想坐等明天。"

苏格拉底说："人类的幸福和欢乐在于奋斗，而最有价值的是为理想而奋斗！"有理想，会为我们的奋斗锦上添花。而在吴秀波看来，理想固然重要，但一定要立足眼前。他列举了雨果、达·芬奇等巨人，他们之所以成功是因为他们具备一种素质，就是有乐趣地把现在的事情做好。吴秀波将人生比作考卷，不能空想分数，不能怀抱理想坐等明天，而应将行动付之于当下。

吴秀波给我们这样的启示

1. "知止"是人生大智慧，懂得满足的人才知道不与人争，适可而止。这样可以避免因过分计较而滋生的嫌忌。

2. 做好本分就是成功，有些荣耀强求不来，反倒是把分内的事情做好了，才能功到自然成。

名嘴交际技巧笔记

在日常交往中，实话实说的人往往受到人们的尊敬，因为他们摒弃了"弯弯绕"式的虚伪，抛却了令人讨厌的"花花肠子"。

1. 交际有三种境界：其一，别人对我怎么样，我就对别人怎么样；其二，我对别人怎么样，别人就会对我怎么样；其三，不管别人对我怎么样，我都会真诚待他。

2. 张嘴说话，人人都会；三缄其口，也能说得过去。但是说话最重要的境界是"表达"而非"表现"。也就是说，不但要自己表达，也要听对方的想法。知己知彼地去交流才是最佳的说话之道，唯有如此舍"表现"而多"表达"，才能达到沟通的目的。

第 2 节 现身说法，真实可信赢人心

> **名嘴教练**　　王　菲以真实示人
> 　　　　　　　林志颖以喻说理
> 　　　　　　　张韶涵与母亲言归于好

每个人在成长的过程中都是有欢乐有悲伤。在过往的岁月中，一切的经历和感悟都是宝贵的财富，给自己、给他人以借鉴和激励。

在人际交往中，以亲身经历和体验为例来说明某种道理，往往更易于让听者接受，也更利于身边人的成长。

第1讲

名嘴教练：

王菲（流行歌手）

技巧提炼：王菲以真实示人

王菲是无可争议的歌坛天后。她外冷内热，面对荣誉说得最多的一个词便是"谢谢"，别无它言，但大家依然很喜爱她；她做事低调，但与人交往都是坦诚示人，举手投足之间都体现着一种真性情，亲和力倍增，让人肃然起敬。

香港英皇集团老板杨受成是娱乐圈里翻云覆雨的教父级人物。他几乎可以决定一个人的"星途"——捧谁谁红、冷谁谁灭。许多明星都对他趋之若鹜。一天，刘嘉玲约王菲一起去英皇珠宝店看表，恰巧碰到杨受成也在店内。杨受成对王菲一直很欣赏，早就有拉这位亚洲天后加盟英皇之意。当王菲拿起一只价值几十万的名表左看右看时，杨受成走上前去说："你喜欢就拿去吧，算作我送给你的小礼物。"谁知，王菲并不接受说："为什么给我？我自己没有吗？"接着就放下那只手表迅速走人，让杨受成呆在当场说不出话来，不由得对王菲另眼相看。

后来，王菲拒绝杨受成赠礼的"事迹"在香港媒体中流传，大受褒奖。大家认为她不贪小便宜，不领"大人物"的情，这在香港娱乐圈中很值得钦佩。

俗话说："吃人嘴短，拿人手软"。王菲忠实地坚守了这一传统理念，不愿仰人鼻息、无功受禄。面对几乎可以决定一位明星"生死"的大老板，王菲却不刻意逢迎、卑躬屈膝，而是不卑不亢，坚守自己做人的原则。她拒绝的是一款价值不菲的名表，得到的却是世人乃至杨受成本人对她的尊重。坚持自己的本性，遵从内心的呼唤，才不会被人看轻。也许，这便是王菲带给我们的启示之一。

在公众面前，王菲给人的感觉总是沉默寡言，你很难从她嘴里听到甜言蜜语或豪言壮语。但她并不掩饰自己的"笨口拙舌",甚至去虚与委蛇、粉饰自己,而是将自己真实的一面示人。

一次,她和张学友一起出席台湾金马奖颁奖典礼,做颁奖嘉宾。上台之后她突然忘了准备好的台词,就站在台上努力地想。张学友好心要帮她圆场,她却有些孩子气地、毫不掩饰地说:"不用,我想想。"这句话通过麦克风传出去,全场都听得一清二楚。听惯了应情应景、虚与委蛇讲话的观众,对王菲如此坦诚相见的"不解风情"给予了莫大的宽容,全场一片寂静,都等着她想台词。可过了一会儿,王菲却有些难为情地笑笑说:"我嘴笨脑瓜慢,想不起来了,我们开始颁奖吧。"在全场善意和大度的笑声中,颁奖典礼继续着。

这么闪亮的歌坛天后在备受瞩目的颁奖礼上却卡了壳,着实是一件糗事。换成别人,要么急中生智想办法补救,要么顺着搭档的台阶搪塞过去。但王菲却"一根筋"地坚持自己去想、想不起来后又像个犯错的小学生一样坦白"想不起来"。她如此坦诚布公、不虚与委蛇、藏拙耍滑的真性情,让人感觉真实又可爱。对王菲而言,露拙固然是一种失误。但又何尝不是一种真性情的自然流露?

王菲就是这样一个"透明人"。她的真性情让我们看到了她内心的纯粹,也让我们感知到了"清水出芙蓉,天然去雕饰"之美,更让我们体味到了她崇尚真诚、拒绝虚伪的真性情!

王菲给我们这样的启示

1. 我口言我心,我行显我志。不虚与委蛇是人际交往中一种可贵的品质。

2. 向世人展示一个真实的自己,才能获得自由的心灵。让人喜欢你的诀窍,就是亮出真实的你。

第 II 讲

名嘴教练:
林志颖（流行歌手）

技巧提炼：林志颖以喻说理

林志颖是亚洲超级偶像巨星。他自 17 岁出道至今近 20 年来，始终保持着"小旋风"的神话。在他那时尚、帅气的形象中，丝毫看不出岁月的痕迹，被称为"不老男神"。近年来，他的演艺事业再度焕发青春，与儿子 Kimi 一起参与《爸爸去哪儿》节目的录制。他"好爸爸"的形象深入人心。他还先后出任《超级演说家》《开讲啦》等节目的语言导师，智言睿语，饱含人生哲理，更是让他人气暴涨，成为"励志奶爸"。

20 岁那年，林志颖毅然放弃演艺事业而去服兵役。在一次访谈中，主持人问他为什么要做出这样的选择时，林志颖露出他那招牌式的酒窝说："我的敌人不是别人，而是我自己。我常告诉自己，三年后我不希望再看到今天的我，因为那表示我还在原地停滞不前。于是我毅然决定去当兵，这需要放下一些东西。人生就像赛车一样，必须掌握好自己的方向盘，知道什么时候该加速，什么时候该减速。很多人以为赛车手的勇气就是把油门踩到底，事实并不是这样。油门每个人都会踩，刹车不见得每个人都会踩，其实比赛比的是看谁会踩刹车，懂得怎样停下来。"

一往无前固然可赞，但适时踩刹车也未必是件坏事。林志颖当年在事业顺风顺水之时，主动改变自己的人生轨迹，个中甘苦只有他自己感受得最为深切。在言明自己的志向时，林志颖以开车设喻体悟人生，将"加油门"与"踩刹车"比作两种不同方向的人生选择，生动形象、言浅意深。林志颖用他的经历向人们诠释了什么是奋斗，什么是成功；也用他的智言睿语，告诉了亿万粉丝他从"不老男神"走到今天，成为"励志奶爸"的人生轨迹。

林志颖给我们这样的启示

1. 林志颖的人生多彩纷呈，因为他懂得取舍、懂得选择，所以，他的人生是智慧的。成长中的痛苦或疼痛都可以化为高度凝练的人生哲理，浇灌他人的心灵。

2. 用比喻的方式说理，可以让道理深入浅出，更形象、生动，也更易于听者接受。

3. 人生幸福的福祉在于自己。不要总把自己过得不好的原因归结于别人的干扰，人最大的敌人是自己。

第Ⅲ讲

名嘴教练：
　　　　张韶涵（流行歌手）

技巧提炼：张韶涵与母亲言归于好

　　有"电眼娃娃"之称的张韶涵成长于单亲家庭之中，是母亲含辛茹苦地把她养大。成为"歌坛小天后"后，张韶涵也非常懂事，将自己的收入悉数交给母亲管理，用以养家。可就在几年前，却突然传出张韶涵母女间为钱反目的新闻。面对媒体，张韶涵坦承确有其事，同时指控母亲不声不响地把所有钱转走，掏空她的积蓄。其母也指责张韶涵把门锁换掉，将自己赶出家门。

　　近年来，张韶涵与母亲决裂的"弃养"事件，被炒得沸沸扬扬，也一直困扰着母女俩。后来，张韶涵到上海出席活动。在接受采访时，媒体把话题转到"弃养"事件，张韶涵表示这都是一种让其成长的经历："通过这些事，自己内心当然会发生改变，变得更成熟，也更懂得珍惜身边真正对自己好的人。"当被追问"以后还会不会相信人与人之间的关系"时，她坦然回应道："既然我是唱《隐形的翅膀》的人，这就代表了我做人的一种精神。我依然相信世界上有正面的力量存在，也会坚持信任我认为值得相信的人。"

　　话是打开心门的钥匙，没有解不开的心疙瘩，亲人之间更是如此。张韶涵与母亲之间的龃龉，无论是误会还是事实，随着时光的流逝，已变得不再重要。重要的是，母女间如何用得体的言行去理解、原谅彼此，还亲情一片晴朗的天空。

　　张韶涵直面提问，坦言"通过这些事，自己更懂得珍惜身边真正对自己好的人""我依然相信世界上有正面的力量存在，也会坚持信任我认为值得相信的人。"她的回答，虽用语不多，但言语之间透着淡定与成熟，向所有关心她的人传递了一个十分可贵的信息。那就是她们母女已经走出了阴影，言归于好。

每个人都会经历成长中的痛楚。风雨过后，我们理应为母女间的言归于好感到欣慰，并在张韶涵的逐渐成熟过程中期待她的怒放。

张韶涵给我们这样的启示

1. 人与人之间的交往或相处，难免会产生罅隙，发生龃龉。是从此形同陌路、互不往来，还是设法化解，重修旧好？明智之人当然会选择后者。

2. 遇到矛盾、误解或不快，请拿出真诚的态度，借助得体的言行，去解释、去化解，使彼此言归于好。

3. 放得下才能说得开。我们如果能放下一些消极的思想，如抱怨、偏见、高傲、报复甚至是算计，对事不对人，更能把话说开。

名嘴交际技巧笔记

　　发生在自己身上的事情或经历最真实,体验最真切,感触也最为深刻。在人际交往中,通过现身说法,把自己最真实的经历告诉大家,不仅能将自己宝贵的经验和感受分享给大家,也很容易从情感上引起听者的共鸣。但应该注意的是:

　　亲身体验是把双刃剑,有正面的也有负面的。我们应尽量展示给人们正面的力量。所以说话时,放不下芥蒂、容不得沙子,只会阻碍沟通的顺畅,唯有放得下,才能把话说得更开。

第3节 思辨言说，辩证深刻入人心

> **名嘴教练**　　潘石屹充当和事佬
> 　　　　　　　冯　仑智语道心得
> 　　　　　　　唐骏赤手"空降兵"

倔脾气的人到处都有，他们倔强到你想自杀！

在日常生活中，有些事情是"公说公有理、婆说婆有理"，或许根本就说不清谁对谁错，因此这些"倔脾气"就更倔了。

这个时候我们就不发表看法了吗？

不，这个时候，赢得人心的都是会思辨言说的人。他们见解深刻，辩证地看待问题，并且对事不对人，善于换个角度去评论，让人听着心服口服。

第 1 讲

名嘴教练：
潘石屹（SOHO 地产董事长）

技巧提炼：潘石屹充当和事佬

潘石屹是一位知名的企业家，现任 SOHO 中国有限公司董事长兼联席总裁。

在求职节目《非你莫属》中，因主持人张绍刚用语不当，引发了"万人实名抵制《非你莫属》，抵制张绍刚"的活动。这引起了《非你莫属》的"BOSS 团"和外景主持人徐睿的不满，部分"BOSS"大爆粗口。双方势均力敌、僵持不下。

为了化解这段"江湖恩怨"，曾经到节目中当过"BOSS"的潘石屹当起了和事佬。潘石屹公开发表声明，缓和两人关系："李开复和张绍刚吵架了，他们都是我的朋友。其实，他俩从来没有见过面，他们从文化教育背景上看完全不一样，但都非常优秀。李开复倾心于年轻人的教育培养，是一个极富责任感和人情味的人；张绍刚聪明、正直，很实在，心直口快。但我相信，他们一定都有一个相同的出发点，就是去帮助更多年轻人。我希望他俩见个面，成为包容不同意见和不同风格的楷模。"

随后，李开复透露会及时赴约，张绍刚也公开致歉，潘石屹"屹压群雄"，化解了风波。

和事佬，俗称调解员，生活中，人人都曾扮演过这个角色。和事佬调解矛盾时，少不了对当事人双方评价一番。说和了，皆大欢喜，是"灭火器"；说不和，没准还会被冠上"两面派""假惺惺"的帽子。实话巧说，能避免因评价不当而产生人际摩擦。

李开复因看不惯张绍刚的主持风格，两人结下"梁子"。潘石屹出面调停，实话实说：他坦言二人文化背景不同，世界观也有不同。但潘石屹的实话却说得巧妙，找到了二人的共同点——帮助年轻人。他用一个"希望"——成为包容不同意见和不同风格的楷模，巧妙化解了二人的矛盾。

潘石屹给我们这样的启示

1. 看问题不能一根筋，说实话也要看人、分场合。有些实话不能直说，有些真话不能实说。实话巧说往往能避免因批评过于直接而触怒、伤害对方。

2. 大道理不妨从"小"讲。

3. 人都有自尊心，多言他人的长处，去认同对方的出发点是好的，然后再分析其存在的问题。这样褒贬相宜，减弱逆反心理。

第Ⅱ讲

名嘴教练：
冯仑（万通地产董事长）

技巧提炼：冯仑智语道心得

"资本家的工作岗位，无产阶级的社会埋想，士大夫的精神享受；喜欢坐小车，看小报，听小曲。"作此自我描述的，叫冯仑，万通地产董事长，人称"地产思想家"。他的话有智、有识、有嚼头，言之有物、有理、有趣味。

冯仑是中国地产界的标杆人物。近几年，他领导的万通地产在全国各地都有投资，公司"野蛮生长"。但面对居高不下的房价，老百姓常把责任归咎于房地产商，对冯仑的骂声也不绝于耳。

对此，冯仑表现得相当淡定："当只有少数人骂你的时候，其实挺可怜的，因为你没价值。布什全世界都说他不好，他骚扰到我们这儿我们才骂他。换个角度看，他能力在这儿、他的影响力在那。哪一天中国有一亿人说你不好的时候，说明你或你的团队的每一个决定都影响到一亿人。"

不论谁都会觉得被人骂是一件很不爽的事儿。房价高涨，地产大亨冯仑变成了众矢之的。面对谩骂，他却反向思维，用幽默自嘲的方式调侃自己：被众多人骂其实也是一个人能力、影响力的一种折射。由此既避免了正面回击而产生的剑拔弩张，又另类、新鲜地解读了"挨骂"的积极因素，很有点阿Q式调侃的智慧。更重要的是，他通过如此回应，还说明了一个朴素的成功法则：唯有你自己强大，你的影响力才会大。

又有人问："既然如此，那么如何看待对手呢？"

冯仑说："培养你的不是导师，而是你的对手；教你本事、让你坚强的，往往是恨你或你恨的人。所以才会有'爱死人，恨活人'的说法——爱你的人，如羊，易让你陷入温柔乡；恨你的人，如狼，一恨你就躲着，就天天研究怎么对付你，时间一长你就长本事了。"

冯仑在回答"如何面对对手"的问题时，他则冷静透彻，高擎智慧之大旗，以正反对比的方式一针见血地指出了"与狼共舞"之于锻造自身本事、提高生存能力的重要性。话语深刻而富有思辨色彩，彰显了冯仑的见识之高深和口才之绝妙。

冯仑给我们这样的启示

1. 一个人看待对手的态度决定了你在别人眼中的高度。你的对手多强大，决定了你进步的空间有多大。

2. 冯仑还说过："把坏事当好事办，人生就只有快乐，没有抱怨。"行走于社会，不要畏惧挑战，要相信是竞争给了你脱颖而出的机会。不要抱着树敌的心态去与人交往。

第Ⅲ讲

名嘴教练：

唐骏（打工皇帝）

技巧提炼：唐骏赤手"空降兵"

唐骏被誉为"打工皇帝"。他不仅在职场上叱咤风云，是一位成功的职业经理人，而且其话语睿智，口才出众，是一位名副其实的沟通高手。

在微软中国，唐骏可以叫出一千多名员工的名字，他爱他们就像爱自己的兄弟姐妹。在微软的10年里，他共面试了三千多名员工，平均每天面试一名员工，堪称"史上最牛的总裁"。但天有不测风云，由于微软内部组织架构引起的人事调整，使他不得不挥泪告别自己热爱的工作，加盟盛大网络公司。离开微软时，他只留下了一句饱含深情的话语："希望你们记得我，就像我会永远记得你们一样。"当时，有不少人认为，盛大很需要人才，微软是人才最多的地方，唐骏应该带几个人过来。可唐骏没有带一兵一卒，连秘书也是盛大的。对此，有人直截了当地问他："你为什么不愿意挖人来盛大？还是你挖不过人来？"

唐骏坦率地答道："盛大有很多优秀的人才，完全可以利用盛大自己的人才走事业发展的历程。我没有挖人的原因是什么？假如我带来20个微软的人，一定会形成'微软帮''盛大帮'，本来没有帮派的，被我引出来了，对立也就产生了。其实，职业经理人是去推销一个产品，而不是去创造一个团队。有的'空降兵'把自己当作救世主，不自觉地扮演起救世主的角色——我要来改革这家企业，我要二次创业，等等。这些都是企业里原有的人很难接受的。我想，职场就像一个舞台，如果你是主角，谁当配角，你都应该能把主角演好。配角不是关键,主角要学会跟任何一个配角合作,只有旧社会才有'我的人马'。你听说哪个球星到另一个队,会把过去一起踢球的队友也带过去呢?乔丹到任何一队,都一定是明星。因为学会跟配角合作,才能当真正的主角。"

面对刁钻的问题,唐骏旗帜鲜明地指出"盛大有很多优秀的人才,完全可以利用盛大自己的人才走事业发展的历程",很好地维护了新东家的面子。

接着,唐骏机智设问,另辟蹊径,将真正原因和盘托出——避免派系斗争才是聪明的做法。更重要的是,"空降兵"要给自己定准位。为了更好地论证自己的观点,唐骏采用了喻证法和例证法,双管齐下,实在精彩。尤其是最后一句"学会跟配角合作,才能当真正的主角",大有画龙点睛之效,令人叹服亦信服。如此一来,整个回答滴水不漏,无懈可击,让人不得不佩服唐骏独到的见解和出众的口才。

唐骏给我们这样的启示

1. 不管是你被人陷于不义,还是主动离开曾经合作过的伙伴,都不要卸磨杀驴,过河拆桥。管好老东家、老伙计的门,也会给自己开一扇门。

2. 士之相交,心诚则灵。不玩心眼,不要心机,即便是"空降兵",假以时日也能追随者云集。

名嘴交际技巧笔记

与人沟通不但要调动人的感情，更要启发人的思考。如果光有感情，而没有支撑感情的思想，那么，感情只能徒有其表，流于肤浅，很快就会被人遗忘。

1. 处理事情，要将"事"与"情"分开处理，才能避免夹私。特别是处理与好友的矛盾，一定要讲究公正。

2. 善待自己的竞争对手，永远记住，树敌不如交友！

3. 不苛求别人一定要追随于你，没有人天生是你的配角。如果想做主角，就应该懂得付出与舍弃。学会跟配角合作，才能当真正的主角。

第4节 善作比照，跳出藩篱暖人心

名嘴教练　　倪　萍比照看得失
　　　　　　　乐　嘉趣言解人围
　　　　　　　撒贝宁开场涮李静

我们都渴望自己能在日常交际中应对自如、游刃有余，但在生活中经常会出现一些让人尴尬的局面，甚至受到无理的刁难。这时我们要根据对象、场合的不同及时地应变、调整，采用各种策略摆脱困境。

第1讲

名嘴教练：
倪萍（著名主持人）

技巧提炼：倪萍比照看得失

倪萍曾连续13年主持"春晚"。她是主持界当之无愧的"大腕"。如今，倪萍已离开荧屏，过着平淡的生活。一次在路上，一位电视观众问她："倪老师，离开了主持人这个岗位，告别了春晚，您有什么感想？"

哪壶不开提哪壶，倪萍听后略觉尴尬，然后笑道："很多人说离开春晚，是我最大的遗憾。我觉得如果你的人生只有上春节晚会这一件事，那你肯定难受。其实人生至少有10件和上春节晚会一样重要的事儿。放下主持春晚这件事，其他的事儿一下子就会补充上来。我不会把人生中最辉煌的经历当作生命的终点。春晚只是我最珍贵的记忆，其他的都不重要。"

听了倪萍的话，那位观众很佩服倪萍的淡定、从容。

俗话说，退一步海阔天空。面对观众的问询，倪萍并没有一味感慨曾经的美好，而是坦然面对，把自己做主持工作那段闪光时段与整个人生做比照，告诉对方：那段时间无论多么辉煌，但毕竟只是人生的一个组成部分。生活是多姿多彩的，即使旧日光环褪去，只要你放眼未望，将来的生活依然会让你的人生闪烁出亮丽的光芒。她用一番花开花落、云卷云舒的智慧言语，化解了因唐突提问而带来的尴尬局面。

倪萍给我们这样的启示

1. 不必沉湎于过去,向前看,才会有前进的动力。

2. 在人际交往中遇到尴尬是常有的事儿,要跳出思维的藩篱,从更高、更远、更深的意义去言说。

3. 带有比照技巧的话往往能够较为全面客观地为人们勾勒出真实图景和心灵轨迹,是向人展现自我的方式之一。

第4节 善作比照,跳出藩篱暖人心

第 II 讲

名嘴教练：

乐嘉（著名主持人）

技巧提炼：乐嘉趣言解人围

在一期《非诚勿扰》外来务工人员专场上，一位女嘉宾说希望找个会哄人的男人，因为自己的父母向来严厉，为此她从来没有撒过娇。但是现场的男嘉宾似乎并不会哄人，因此最后尴尬地失败了。

见此情况，一旁的乐嘉在做当面评点时表明："女嘉宾一方面想找负责任的男人，另一方面又想找花言巧语的男人。如果是这样的话，那么男人们觉得无所适从就不是男人的错，而是女人的错，因为她们本身就很矛盾！"此话一出，现场的僵硬气氛立刻又变得融洽起来，而乐嘉的这番话也适时地给了男嘉宾台阶下。

虽说是相亲节目，讲究的就是挑个门当户对。但女嘉宾苛刻的要求，明显让男嘉宾陷入尴尬。幸亏有乐嘉站出来解围。针对女嘉宾给出的择偶条件，乐嘉在对照比较之中剖析出女嘉宾既要求负责又要求情趣的复杂心态，言外之意是告诉女嘉宾：既然你自己都如此矛盾，那又怎么确定你想要个什么样的男人呢？为男嘉宾赢得面子，凸显出乐嘉的睿智。

无独有偶，在安徽卫视《超级演说家》第二期中，断腿青年陈州通过自己真实而又富有感染力的人生经历感染了在场的观众和四位评委。现场观众打分顺利通过后，四位导师中，乐嘉按下灯，选择了陈州作为自己的学员。当陈州把通过牌插进《超级演说家》的灯柱之后，评委李咏就问陈州："在加入乐嘉老师的队伍之前，你看看，在场的四位评委，有三位没有选你，你不想知道原因吗？"此时，陈州不知如何表达，颇显尴尬。

见此状况，导师乐嘉接过话茬："我直接告诉你原因吧，因为，他们不敢跟我抢你，我会跟他们翻脸的。公众场合，我很少翻脸，但是我一旦翻起脸来六亲不认，真的会跟他们拼命的！"语罢，现场响起经久不息的掌声。

既然陈州的故事和演说都那么感人至深，为什么四位专业评委中，只有一人为他亮灯？李咏是在暗示他的演说有瑕疵。在陈州举手无措时，"护犊子"的乐嘉挺身而出，由果溯因，巧做假设：因为他们害怕与自己"争夺"陈州，所以就主动放弃。乐嘉弦外之音是：陈州很出色，评委生怕自己在争夺学员时闹出尴尬，所以，只能主动放弃。乐嘉既帮陈州成功解围，又把陈州实实在在地夸了一遍，可谓一箭双雕！

乐嘉给我们这样的启示

1. 懂得就汤下面，顺着对方说过的话，找出其中的矛盾点，然后将对方说的话巧妙地换成经自己重新注解后的意思，令对方大吃一惊。这样不仅反驳有力，而且又有风度。

2. 在说话时运用对照、比较之法可以放大某些矛盾点，发现思维漏洞，让言说更有力。

3. 在人际交往中，当别人陷入尴尬时，你挺身而出可以为你赢得更大的信任、更多的朋友。

第Ⅲ讲

名嘴教练：
撒贝宁（著名主持人）

技巧提炼：撒贝宁开场涮李静

他个儿不高，也不算帅，但他的谈吐却很受人关注，他就是被誉为"央视帕瓦罗蒂"的"名嘴"撒贝宁。在龙年春晚网络投票中，他被观众列为"最想在春晚看到的主持人"之一，因此他当仁不让地成为龙年春晚主持队伍的新人之一。而他机智幽默的主持风格，他的妙语连珠和诙谐风趣正是他深受观众喜爱的主要原因。

2011年6月，撒贝宁做客《非常静距离》。一上台，还没等主持人李静说话，小撒就先开口了："欢迎大家做客《非常静距离》之'今日说法'，首先给大家爆个料，今天在北京地铁站，有一名戴眼镜的肥胖男子妄图逃票乘车，在工作人员对其进行阻拦时，他口中高喊着：'我姐是李静。'这是继'我爸是李刚'之后又一起让公众震惊的事件。该男子究竟是什么身份？李静到底又是何许人也？今天我们的节目把当事人请到了现场，有请李静。"一段冷笑话式的开场让观众领略了什么是"撒式幽默"，加上小撒那一本正经的样儿，更让观众笑得前仰后合。

李静刚要说话，小撒又接着道："目前当地警方已经将该男子身份查清，该男子原来是中央电视台《今日说法》节目的主持人，叫张绍刚。"小撒又拿自己的好朋友开涮了，他的话说完，张绍刚那胖乎乎、戴着眼镜的样子便立刻呈现在观众面前。台下观众热情高涨，气氛一下子活跃起来。

按理说，撒贝宁做客《非常静距离》节目，是以嘉宾身份参加的，而他却以主持人的身份介绍起主持人来，不过他的"装傻充愣"却并不让人讨厌，听他说话感觉像在北京地铁站真有人喊着"我姐是李静"一样。他亦庄亦谐、机智幽默的开场带动了全场气氛，这独特的"撒式幽默"的确让人惊叹。

撒贝宁给我们这样的启示

1. 要想使谈话中严肃紧张的气氛变得轻松、活泼，让听众最大限度地感受到你的温厚和善意，那么在与人交流时就不要摆着一副大爷的架子。幽默、洒脱一点，反而会使你的观点更容易让人接受。

2. 为了避免出现冷场，可以杀熟哦！把你最好的朋友安插到你的故事里，一来可以让故事有更多真实性，二来也能显现出你跟那哥们有多铁！

名嘴交际技巧笔记

细心观察我们的生活,绝对是一部活生生的贺岁大片——人在囧途之"太囧"!还好,我们学会了参照生活。

1. 你惨的时候,就比惨吧。看看那些比你还惨的人,你还好意思抱怨吗?这就是比照的作用,让你在看问题时跳出"藩篱",看得豁达。

2. 人生在世,并不是孤立地存在,很多时候,别人的事情与自己休戚相关。替人解围就是为自己树形象、攒人气。别人出糗,别去围观是一种美德;若是能替人解围,那就是一种功德了!

第 5 节 真话直说，明辨是非亮于心

名嘴教练　　马　云直言相告
　　　　　　　　史玉柱一针见血
　　　　　　　　乔布斯忘掉人我之异

说实话，某些肥皂剧中的有些情节很让人看不惯：卧病在床、正处弥留之际的人，握着亲人的手颤颤巍巍地说："有件事憋在我心里 N 年了……""我想告诉你，有件事我欺骗了你……"

太多类似的场景，弄得床边人哭哭啼啼。或许导演就是为了让一段真相大白于天下。但为什么这些憋在心中的真话不早点告诉身边人？为什么一定要弄得在生离死别之时再来一段惋惜？或许早早说出真话才是一种解脱，也让值得倾听这些真话的人，留出缓解心理压力的余地吧。

大胆地说出真话吧，直接一点也是极好的。但是，说真话也是要掌握一定技巧的。

第1讲

名嘴教练：

马云（著名企业家）

技巧提炼：马云直言相告

马云是阿里巴巴董事局主席兼首席执行官。他是互联网领域的风云人物，开拓了中国的电子商务市场。马云不仅有着先进的创业思维和创新的经营之道，而且口才精湛，说话、做事、做人，全都恰到好处。

在一次商业实战淘汰赛中，有六名选手参加比赛，但最后只能有一位胜出。赛后，马云针对六位选手的表现进行点评，他说："我比较遗憾的是，在每个人讲自己三点的过程中，你们都没把别人给你的批评，放到自己的认识过程中。今后要永远把别人对你的批评记在心里，别人的表扬，就把它忘了。当然，别人批评你的时候，要记住这两句话：男人的胸怀是被委屈撑大的；那些私下忠告我们，指出我们错误的人，才是真正的朋友。"

把批评记在心里，把表扬忘在脑后。对于身处世俗洪流中的凡夫俗子而言，做起来谈何容易？然而，正是难以做到，马云才针对具体的人和事直言相告，坦诚言说。马云的话里也折射出了中国传统的"闻过则喜"的处世观。为了让大家形成正确的思想观念，马云又直接用"男人的胸怀是被委屈撑大的"和"指出我们错误的人，才是真正的朋友"来强化观点。这里面既饱含着他对选手的关心呵护之情，又充满着他对人生的独立思考和睿智豁达。

马云给我们这样的启示

1. 话语明确、直言相告，不仅是一种坦诚，更是一种担当和勇气。在人际交往中，遇到他人思维不正确、言行有瑕疵，出于负责的态度要善于对其直言相告。这样有利于对方成长发展，也利于彼此的友谊更为坚固长久。

2. 要明白这样的道理，也要去做别人眼中这样的朋友：对自己敢于直言相告的人，往往是最值得信任的人。

第 II 讲

名嘴教练：

史玉柱（著名企业家）

技巧提炼：史玉柱一针见血

史玉柱的人生可以用"跌宕起伏"来形容：因巨人集团经营不善，一下子让他从峰巅跌落至深谷；后来他东山再起，做保健品、涉足网游，再次屹立在世人面前。史玉柱也因其丰富的经历、成熟的思维以及出色的口才，经常与马云、熊晓鸽一起成为中央电视台的座上宾。

一次，在著名的财经节目《赢在中国》上，一位年轻人滔滔不绝地陈述了他的产品推广计划。史玉柱问他："你的底气看起来很足，你的核心竞争力是什么？"年轻人沾沾自喜道："我们拥有很多的关系资源，比如与许多地方的官员、经销商等处得不错。"

史玉柱淡然一笑："关系不是核心竞争力，关系是最靠不住的东西！若想把事情做大、做持久，一定要做好人，做负责任的产品，否则根本做不起来，至少做不持久！"对方愕然，转而点头首肯。

要想做成大事，必须具备别人所无法替代的核心竞争力。这是做事之道，也是做人之道。在谈到这一问题时，这位年轻人显然是本末倒置了，过于倚重"关系"，反而会忽略产品本身的完善。在指出对方思路的偏差时，史玉柱毫不客气，一针见血——关系是最靠不住的东西，决绝而明确，不给年轻人留一丝幻想，阻断其舍本逐末的思路，从而避免其走弯路。这是对他人的负责，也是自己商业智慧的呈现。史玉柱能够东山再起，靠的就是这份真诚的坚守吧！

史玉柱给我们这样的启示

1. 你不真诚就很难成功。有的人说："我们这个世界上很多人靠花言巧语来维持生活。"但你可以蒙一个人，却不可以把全世界都蒙了。

2. 你的直言相告可以让后来者少走很多弯路，少受很多折磨，何乐而不为呢！

3. 关系是最靠不住的东西，若想立世，唯有靠自身努力。

第Ⅲ讲

名嘴教练：
乔布斯（苹果公司联合创始人）

技巧提炼：乔布斯忘掉人我之异

乔布斯执掌苹果公司期间，不仅将苹果手机传奇般地推向市场，而且他广揽贤才，甚至亲自去拜见有为青年。兰迪·亚当斯本来是一名软件工程师，他在卖掉自己的桌面软件发行公司之后，成为了一名不想工作的无业游民。此时，乔布斯向他发出了邀请，想要让这名工程师来公司工作，却遭到了对方的回绝。

有一天，兰迪·亚当斯在花掉自己多年的积蓄之后，想到苹果公司谋个差事。正在开会的乔布斯欣喜若狂，准备去见他。坐在一旁的人事经理便说："您现在是公司总裁，他只是一个前来求职的小员工，让人事部去找他谈谈就好了。"

乔布斯却摇摇头说："我虽然掌管这么大的一个公司，但有很多东西还没有兰迪·亚当斯懂得多。我已经跟他有过几次接触，他有很多闪光点，我应该去亲自接见这位在工作上给我灵感的同事。"

同事们听后，都很佩服乔布斯谦恭下士的品格，兰迪·亚当斯更是感动不已，乔布斯也在苹果公司赢得了更多人气。

曾子在给弟子讲课时说："人要懂得谦逊，要问于不能，问于寡，有若无，实若虚，忘掉人我之异。"意思是要懂得放下自己比别人强的想法，要听取比自己能力差、学问浅的人的看法，做到虚怀若谷。

作为公司总裁，乔布斯求贤若渴，这已经很让人敬佩；更让人感佩的是，他亲自去接见曾经拒绝他的求职者。乔布斯谦恭下士，忘掉尊卑之别，忘掉人我之异，所以，他能感受到兰迪·亚当斯身上的优点，为公司揽得了一位贤才，更为自己赢得了一位知己。可见，在日常交际中，我们应该放下高高在上的姿态，谦逊诚恳待人，方能赢得人心。

乔布斯给我们这样的启示

1. 在生活中，人们大都瞧不起摆臭架子的人。忘掉人我之异，放下优越感，心怀敬畏、虔诚之心去交际，朋友会越来越多，交际面也会越来越广。

2. 对一个人欣赏，对一个人尊重，跟他从事什么职业或者跟他的地位高低都无关系。忘掉人我之异，才能平等沟通交际，获得坦诚！

名嘴交际技巧笔记

1. 我们应当在适当的场合对合适的人实话实说、直言相告，因为这是我们的力量所在。即使因为说真话而令对方暂时不能接受，但思过、想过、经历过之后，你的那份真诚和关爱便会被充分地验证，从而令对方对你肃然起敬！

2. 如果你身边的人对你说谎成性，那么有两种可能：一是你如此对待他人，二则是你听不进真话。所以，先去自我反省吧，所有改变都是从改变自己开始的。

第6节 正话反说，反向言说乐于心

> **名嘴教练**　　郭德纲调侃"艺术家"
> 　　　　　　　　赵本山激将"山丹丹"
> 　　　　　　　　吴君如坚做"女版周星驰"

某年央视春晚中，姜昆、戴志诚、赵津生合说了相声《和谁说相声》，其中赵津生有一句"强烈抗议，广告时间插播电视剧"的经典台词，赢得了热烈掌声。

显而易见，赵津生这是在"正话反说"：他表面的意思和心里的想法是完全相反的。正是如此，他一语中的地揭露并嘲讽了现在在电视剧播放过程中乱插广告的现象。让人一目了然且感同身受，很容易接受他的观点，获得了满堂喝彩。

生活中的直性子也少不了遭人白眼而吃亏，而用反面的话表达正面的意思，也就是说反话，往往更能引人深思，表现出深刻的思想、强烈的感情。甚至有时候，说反话比正面论述还要深刻有力，也能起到更好的效果。

第 1 讲

名嘴教练：
郭德纲（著名相声演员，主持人）

技巧提炼：郭德纲调侃"艺术家"

一次，郭德纲应邀参加在上海举办的《解放日报》第七届"文化讲坛"，谈及"艺术家"这一话题时，郭德纲有感而发：

"什么是真正的艺术家？在你的领域里承上而启下，有独特的艺术魅力，形成了流派、风格，追随者众多，你才能是艺术家。一个领域一个行业，一百年有一位大师、两位艺术家就是了不起的事情了。中国京剧又当如何？解放初期就俩艺术大师：梅兰芳、周信芳。那是国家封的。马连良先生这么大的角儿，当年才叫著名演员。

你看现在多少艺术家？一下雨，雨后春笋。（全场大笑，鼓掌）其实也不怨他们，关键是咱们国家的名片印刷管理制度不严格。（全场大笑）我说印个总统，他也给印，总统兼神父加50块钱就干。（全场大笑）我们天津的相声演员还有一个普遍的认识，他们认为超过50岁就可以算艺术家。（全场笑）这更是胡闹，这跟年纪没关系，唐朝的夜壶也是盛尿的。"（全场大笑，长时间鼓掌）

郭德纲凭着相声演员的幽默和风趣，从老百姓的角度对真正的艺术家进行了诠释，讲了这番妙不可言的趣谈。首先，他以梅兰芳、周信芳和马连良为例，说明"艺术大师"的称号不能随便加封，正本清源，揭示其严肃性。

接着，通过设问引发人们进行对比思考，以"雨后春笋"作比，揭示当下"艺术家"泛滥的现实情形。有趣的是，郭德纲把板子打在"名片印刷管理制度不严格"上，正话反说、借此言彼，别出心裁地探寻出现这种现象的原因，令人啼笑皆非。

为加强效果，他还不无夸张地用印制总统名片的特例加以印证，讽刺力尽显。同时，针对天津相声演员的普遍认识，指出以年龄认定艺术家"更是胡闹"，并用"唐朝的夜壶"作为类比进行论说。这番令人忍俊不禁的妙谈，语言生动，逻辑严密，幽默中见深刻，风趣里含讽刺，无疑能引发人们对艺术界不良现象的反思。

郭德纲给我们这样的启示

1. 正话反说或反话正说常常会成为人际交往的润滑剂，平缓了许多正面冲突，让彼此关系更加自然平和。

2. 运用正话反说之术，不仅可以像郭德纲这样表达不满，有时也可以亦庄亦谐地表达批评。这样可使批评的话语显得轻松活泼，悦耳动听。

3. 正话反说还可以委婉、适度地表达讥讽，达到反驳对方的目的。

第Ⅱ讲

名嘴教练：
赵本山（著名笑星，小品演员）

技巧提炼：赵本山激将"山丹丹"

央视春晚中最引人瞩目的便是"山丹丹"组合，两人堪称"黄金搭档"。然而，当初宋丹丹在《超生游击队》播出成功之后，便决心"金盆洗手"，不再出演小品了，性格耿直的赵本山多次邀请都被拒绝。

一次，赵本山再次前来邀请宋丹丹演小品。刚一落座，他就劈头盖脸地问："丹丹，你是看不起大哥呢，还是大哥得罪你了？你为什么不跟我合作？"

宋丹丹长叹一声，对赵本山诉苦："我是话剧科班出身，从小父母就希望我当艺术家，当中国最著名的影视演员。可是这个梦想让小品彻底毁了。观众不知道我演了多少话剧、电影，只知道我是小品演员。我走在大街上打个喷嚏，别人一看，这不宋丹丹吗？于是忍不住哈哈大笑。这种滋味太不好受了。比如我拿了个茄子，以后凡是紫色的东西都归我了，我就没有变成黄瓜或西红柿的可能了。这些都是小品害的。我太讨厌小品了！"

赵本山微笑着问："丹丹，你会憎恨赐予你财富和名声的人吗？"心直口快的宋丹丹答道："当然不会！"赵本山说："小品害得你在大街上打个喷嚏都能被认出来，害得你一拿个茄子就能把紫色的东西都往你身上归，还害你住上了大房子，真是害人不浅，值得憎恨呀！"宋丹丹无言以对。赵本山趁热打铁："明年春晚，咱俩演一个？"宋丹丹笑着说："原来你在挖坑等我跳啊？演一个可以，不过我要看剧本，剧本不中意，我照样蹶（拒绝）你。"

当年，赵本山、宋丹丹和崔永元联合出演的《昨天，今天，明天》作为最令人期待的节目登场，十九分钟的节目赢得观众三十多次的热烈掌声。

最初，面对撮合婉言谢绝；其间，面对误解大倒苦水；最终，豁然开朗欣然加盟。

赵本山一次次正话反说，一步步引导着宋丹丹进入自己的"圈套"——他先是正话反说当头棒喝宋丹丹"看不起大哥"，引发宋丹丹的愧疚感；再列举事实，把小品给宋丹丹带来的名誉和财富统统说成"害"，终于促其反省，使宋丹丹对待小品的态度发生了180度的大转弯，成就了中国喜剧界堪称绝配的"山丹丹"组合。

赵本山给我们这样的启示

1. 正话反说因其语意被颠覆，常会引发听者深思和反省。

2. 为了避免引发对话者的抵触心理，说话时可以避免开门见山、单刀直入，而是正话反说、请君入瓮。

3. 正话反说式的劝导，一方面可以表现出言者善解人意，宽以待人的品格；另一方面，也可以通过风趣的语言缓解气氛，减轻听者的心理压力，让其在笑声中感受和理解言者的用意。

第Ⅲ讲

名嘴教练：
吴君如（喜剧天后，著名演员）

技巧提炼：吴君如坚做"女版周星驰"

作为我国香港影坛和娱乐界的首席女笑星，"喜剧天后"吴君如塑造了一系列经典的银屏形象，在带给我们无数欢笑和快乐的同时，吴君如也以她智慧的言谈和一连串的妙语连珠带给我们无限的启迪。她的家境不够好、生得不够美、天分不够多……唯一能仰仗的，就是一点点特长以及很多的努力，所以粉丝们都称吴君如为"离我们最近的影后"。

由于外形的限制，吴君如出道以来常扮演被消遣挖苦的角色，如粗鲁的女警花、貌丑被丈夫嫌弃的主妇等。而她也只好发挥爽朗幽默性格，不惜自毁形象一味搞笑，由于在银幕上"毁己不倦"，她由此赢得"女周星驰"的称号。对此，有粉丝替她惋惜和鸣不平。

吴君如却笑着说："每个人都有一条时光隧道。在这条隧道里，你可以幻想自己三十岁、四十岁、五十岁……每个阶段是什么样，然后回到起点，有了目标就知道该怎么做了。人生不是完全计划好了就会成功的，我从小就很清楚自己需要什么。也许你会说这样岂不是很不浪漫？但是人生路漫漫，我们总得有一个想法，才能保证不会走歪。刚进入这一行的时候，我不知道自己喜不喜欢演戏。但进入之后，我就明白演戏可以作为我终身的职业。演喜剧不是我的计划，但我不是传统意义上的大美女。这就意味着我必须要选：是继续熬下去做一名电视剧二线、三线的电视演员，还是开创属于自己的一个戏路？我选择了后者，确定下来就往前走，不要再回头！"

古罗马哲学家小塞涅卡曾说："有些人活着没有任何目标，他们在世间行走，就象河中的一棵小草。他们不是行走，而是随波逐流。"可贵的是，吴君如在认清自身特点后，能及时调整好目标。她通过对"时光隧道"的巧妙想象，指出人可以规划好自己不同人生阶段的目标，并为之不断努力。

生活中，我们要及早规划人生目标，只有这样，人生的航船才不会偏离航线。吴君如正话反说，意味深长。其实能够坚持把自己"丑"的一面展示给世人，为大家送上欢乐和笑声，这样的人才是最美的，更能够赢得世人的敬重。

吴君如给我们这样的启示

1. 英雄不问出处，成功当问缘由。一个勇敢接受现实的人，会比整天抱怨浪费时间的人更早地触及成功。

2. 我们的人生混乱不堪，不一定都是外界和外人的干扰，有时候是我们自身缺乏计划与目标。把反躬自省当成人生每一天的必修课，可以避免与人冲突，更可以避免自我矛盾。

名嘴交际技巧笔记

1. 对于一个固执的人,话语可以拨动他的心弦。有时是正拨,有时是反拨。在一定的语言环境里,反拨往往比正拨更有效、更添意趣。

2. 有时候直面批评可以起到当头棒喝的效果,但更多的时候,并不是所有人都能听进去逆耳之言的。相反,还可能会引发对方的反感,使沟通无法有效地进行下去,根本达不到说话的目的。正话反说,则能使忠言不再逆耳。

第7节　从容应对，纵横捭阖谈兴浓

名嘴教练　　韩寒人危之时扶一把
　　　　　　　郭敬明得理也要息事宁人
　　　　　　　海岩言谈善"借"论人生

第1讲

名嘴教练：

韩寒（著名作家）

技巧提炼：韩寒人危之时扶一把

当宁财神这位著名的网络写手兼知名编剧，因吸毒被警方控制的消息发布后，众人震惊之余，批评之声四起，《非诚勿扰》节目组也表示将终止与宁财神的合作。记得宁财神在一次凤凰卫视对他的专访中，这样评价韩寒："我觉得韩寒是一个一直在成长、一直思考的人，他不是完美的，他也会犯错，但总的来说他很善良、有正义感、冲动、自信。"他的眼光确实不错，韩寒没在他困难之时落井下石，而是主动站出来替他说话。韩寒与宁财神的接触并不多，但两人因电影结缘，在电影制作方面，宁财神对初次涉足这一领域的韩寒提出了许多可以借鉴的建议。对此，韩寒念念不忘。

在《后会无期》的记者见面会上，韩寒从容地谈到了因吸毒被拘的编剧宁财神。他说："《后会无期》在鸣谢名单里感谢了很多人，宁财神是列在第一个的。因为他对我们的电影帮助挺多的，是最早鼓励我拍电影的人。他在宣传的时候也给我们出谋划策。但是，他的确犯了错，他违法了。他现在出来给大家道歉了。作为朋友，该骂的会骂，该帮的会帮，该合作的会合作。毒品是坏的东西，我们不应该碰它，但落井下石的人，比毒品更可怕。"韩寒的话刚说完，发布会现场就响起了雷鸣般的掌声。

俗话说："患难之时见真情。"这时，朋友的表现往往反映出一个人的度量和担当。正处在人生低谷的宁财神十分需要朋友的理解和宽容，韩寒就在这样的关键时刻挺身而出，用简单的话语表达出了自己的感谢和支持，人们不禁对韩寒刮目相看。韩寒没有忘记宁财神为影片付出的努力，在影片上映的关健时刻，没有为保证票房而与众人恨不得避而远之的"毒君子"划清界限，仍然对宁财神表示了由衷的感谢。在娱乐圈是非混淆的今天，韩寒的同甘共苦让人油然而生一种敬佩，值得每一位娱乐圈人学习。

韩寒给我们这样的启示

1. 当朋友遇到困难时，我们应该积极主动地帮助朋友承认错误，承担责任，并一如既往地支持他、爱护他。看见别人有错，如果帮不了，不落井下石也是一种善良。

2. 不为过去痛苦，不为选择后悔，不因错失抱怨。这是检验一个人心智是否成熟的标准之一。一旦朋友失势，你就抱怨朋友拖你后腿或者怕朋友连累于你，那么谁还敢与你成为莫逆之交？

第 Ⅱ 讲

名嘴教练：

郭敬明（著名作家）

技巧提炼：郭敬明得理也要息事宁人

第 16 届上海国际电影节上，郭敬明凭着自编自导的电影《小时代》一举斩获中国新片最佳新人导演奖。郭敬明在影视、文学上一次次给我们惊喜的同时，他那些充满智慧且风格迥异的话语更是魅力非凡，成功俘虏无数读者的心。

郭敬明身材娇小是外界一直议论的话题。一次，郭敬明赴中国台湾参加一项活动时，在台北机场被安检人员误认为"小朋友"，并询问是否有父母陪同。对"小朋友"这个称呼，郭敬明很无奈，但随后也就一笑了之。

后来，郭敬明将此事写成了博文，引得上千网友留言，其中有个网友留言称郭敬明息事宁人是对的，不然被发现是成年男性，安检人员会叫郭敬明走残疾人通道。面对网友如此羞辱，很多人认为郭敬明会暴跳如雷，并给予坚决抨击。但郭敬明却彬彬有礼地回复："我个子不高，但不至于残疾。这是我爹娘给的，我不抱怨，他们给了我太多，连命都是，就算残疾你也没有资格嘲笑。这个世界有很多盲人、聋哑人、残障者，你身体健康，应该去做更有意义的事，而不是嘲笑别人的缺陷。这样看来你不是世上最高的人，我很庆幸至今人们只说我身材小。"

面对网友的羞辱，郭敬明先是承认自己个子不高的事实，接着他又用一段富有哲思的话语予以回击，这段"小大之辩"值得我们深思。在谈话过程中，我们不要过分关注别人外在的东西，更不要用语言攻击别人的短处。相反，我们应该理智地看待生活中存在的现实，用正确的语言去评价一个人，切忌揭别人的短处。

同为80后作家领军人物,韩寒和郭敬明常被人们放在一起比较。相较于被冠以"80后意见领袖""公民韩寒""公共话题发言人""公共知识分子"以及"当代鲁迅"等头衔的韩寒,郭敬明却被人们批评为不关心社会,不对公众事务发言。

面对媒介和公众的质疑,郭敬明淡淡地说:"我关心公共事务,只是不爱说。每个人有他最适合的角色,我的兴趣爱好不在这里,我可能就喜欢看小说。关于政治,第一我不懂,第二我不擅长去瞎讲,那其实是闹笑话。作为一个公众人物,会影响一批人。如果今天我做出了一个错误的言论,或者对某件事情的看法是一个错误的看法,一旦我说出去了,可能会有一批年轻人都觉得我是对的,这样会误导他们。所以,我很怕自己的观念影响到别人,我不希望做这样的事情,我的性格不喜欢让自己扮演这样的角色。"

面对媒体和公众的质疑,郭敬明耐心地予以解说分析。他首先指出自己不是不关心公共事务,只是不爱说而已。郭敬明的这一段说辞,不但澄清了公众的质疑,表现了自己作为一个公共人物的高度社会责任感,而且他缘事说理,分析透彻,条理清晰,显示了他作为一个作家纯熟的语言驾驭能力。

郭敬明给我们这样的启示

1. 心量狭小,则多烦恼;心量宽广,智慧丰饶。得理之时,切不可恣意妄行。得理不饶人,那样会让人觉得你心胸狭小,不值得交往。

2. 人之所以平凡,在于无法超越自己。征服世界并不伟大,能征服自己的人,才是世界上最伟大的人。是自己的责任,闻过则喜;不是自己的过错,别人栽赃也不必理会。

第Ⅲ讲

名嘴教练：

海岩（著名作家）

技巧提炼：海岩言谈善"借"论人生

他是一位奇妙的作家。他的版税收入在中国作家中首屈一指，却是不折不扣的业余作家；在影视领域，他的名字甚至比大牌导演、大牌明星更有号召力。用他自己的话来说，是"一脚踏在文化里面，一脚踏在文化外面"。他就是著名作家海岩，现任昆仑饭店总经理、董事长，锦江集团有限公司副总裁，锦江集团北方公司董事长、总经理。

海岩的小说《舞者》是由出版社先付了稿酬，他才开始动笔写的。为写这部小说，他几乎天天写到凌晨5点，而且一写就是8个月。洋洋洒洒写了50万字。谈到这段创作经历时，海岩十分感慨地说："出版社开玩笑说，本来担心先付了钱，说不定就写个十几万字的小说来交差，没想到海岩写了他最长的一部小说。有人说这是出版社买海岩一个知名度，买海岩一个创意。说实在的，当时真没创意，一点头绪都没给人家，他们买的是作者的信用。"

《解放周末》的记者问道："海岩的信用，和您追求真实有关吗？"

海岩答道："有关系。"

《解放周末》记者："那么，真实在您的生命中如何'落实'？"

海岩："我一直试图努力做一个追求真实的人，一个守信的人，一个能够约束自己的人。我很推崇曾国藩的三字要诀：一是清，二是勤，三是谦。这就是清廉、勤奋、待人谦恭。这是我的座右铭。曾国藩在家书中曾告诫亲友，一个人得到的好处要溢出来的时候，是很危险的。月盈则亏，人"满"也一样，天不概之人概之，天也是借人之手'概之'。大家知道以前装粮食的一种量具———斗，粮食要是装得太满溢出来，就要用一片小木片把它刮掉，这片小木片就叫概。'概'就是铲平的意思。要想免遭人'概'，就要事前'自概之'。如何'自概'呢？实际上就是自我约束。"

作为一名成熟的作家，海岩有着自己的人生感悟和沟通哲学。在这里，他借谈《舞者》的创作过程自然而巧妙地引出了一个人在社会生活中的"信用"与"真实"的辩证关系。为了更充分地说明问题，他引用晚清政治家曾国藩的三字诀，并申明这是自己为人处世的座右铭。尤其是在谈到在生活中要做到自我约束时，他又引用古语关于"概"的解释，提出人要"自概"。其睿智而清醒的人生哲学不禁让我们深思。

是呀，在与人沟通的过程中，我们每个人能否也能在诸多声色犬马、丽屋华裳、名利权位面前，保持一份清醒、谦恭和豁达？能否严格自我约束，时时事事"自概之"？这确实是一堂需要我们深思、深入研修的沟通课！

海岩给我们这样的启示

1. 唯有尊重自己的人，才更勇于"缩小"自己。真实的人从不需要到处证明自己的真实，以言正己，不如以行正己。

2. 言谈善"借"，沟通出彩。引用别人的话语、事迹，可以说明我们难以阐述清楚的道理。旁征博引，事半功倍，起到拉人当救兵、请人来帮腔的意外效果。这种方法简单而实用，屡试不爽。

名嘴交际技巧笔记

1. 温馨和谐的人际关系是一笔价值连城的无形财富。交际中要常怀感恩之心,不因利益而转变对朋友的态度,更不做落井下石和墙倒众人推的事情,胸怀坦荡才能获得好人缘。

2. 把心放宽,不计较别人的质疑,也不去揭他人的伤疤。

3. 真实的自己才是可以代言自己的名片。你真实、诚信,别人自然以真实待你。

第四章 提升自我,强化自己的人脉圈子

我们都曾抱怨过自己的某个朋友不够义气,遇到什么事不仅不帮忙,反而"躲猫猫"。

放在以前,我也会同情这些抱怨的人,但是现在,我觉得别人之所以在你低谷时远离你,或许是你之前也有过类似的行为。

当你悲叹自己的人脉圈子脆弱,没有人能称为"铁磁"的时候,你应该反省一下啦!到底你这个"铁磁"做得合不合格?

第1节 勇于担责，永远做负责任的人

> **名嘴教练**　　成龙道歉除误解
> 　　　　　　　　黄渤担责化指责
> 　　　　　　　　姚晨正人先正己

在法国，有个失业女工为了生存，最后沦为了妓女。村民们觉得这伤风败俗，大家商量要砸死这个妓女。教父很同情她，对村民说："砸死她我绝不反对，但我要替上帝说句话：谁没有欺骗过上帝，谁没有犯过错误，谁就可以动手砸她了。"

在场的每个人都问心有愧，最后谁也没有砸她，还帮她找到了工作，于是女工弃娼从良了。

或许你觉得这是个荒谬的小故事，但它的确说明了一个道理：天底下人无完人，我们在生活中难免会犯下些错误。

但不同的是，同样是犯错误的人，获得朋友的谅解程度是不一样的。有的人犯了错，不认错，还落了个众叛亲离。做事要敢于担当，按道理做事，终会有一奋骥足的成功之日。

第1讲

名嘴教练：

成龙（影视巨星）

技巧提炼：成龙道歉除误解

个子不高脑袋大，眼睛不大鼻子大……其貌不扬的成龙绝对算不上是偶像派，但人不可貌相，他硬是凭着自己的真功夫，在国际影坛"打"出了一片新天地，成为独树一帜的动作喜剧巨星。其实，成龙不光拳脚功夫了得，是蜚声海内外的"功夫之王"，也是一位熟谙方圆之道的"沟通圣手"。

说起"功夫之王"成龙，就不能不提到同样是声名远播的另一位功夫巨星——李连杰。虽然同为影视界的功夫巨星，但他们之间一直没有机会合作，还经常传出明争暗斗的消息。事情还得从十多年前说起。当年，李连杰在香港拍摄《龙在天涯》，拍摄期间发生了很多意外：先是外景无缘无故被挪了两个地方，剧组又三番五次断电……李连杰正百思不得其解，导演罗维对他说："这些事情跟一伙与成龙班子有瓜葛的地头蛇有关，道理很简单，就是一山不容二虎。只是你尽管放心，我们正在解决，电影还是得继续拍下去，但是为了你的人身安全，你最好不要一个人外出。"

那些日子，李连杰就一个人憋在剧组，专心拍戏，每次想起这件事情，他心里就不舒服。一天上午，李连杰正在剧组排练，远远地看到一辆高档轿车停了下来，司机径直走过来，很恭敬地说："我是成龙的司机，他特意要我接你前往一叙。"李连杰心里虽然有些顾虑，但还是答应了。

车停在了成龙的别墅前，早已恭候在此的成龙，满面笑容地前来迎接。英雄遇英雄自是惺惺相惜，两人寒暄过后，成龙坦言主题："你们剧组有些麻烦，我也是昨天才听说，那是我的几个影迷捣的乱，请不要误会，我代他们向你赔不是。你放心，以后我会尽量避免这样的事情发生。"成龙边说还边向李连杰鞠躬道歉。

果然是位豪爽、大气的敞亮人！李连杰看到一脸诚恳的成龙，不禁如释重负地说："我知道，您已经拍了几十部电影，有不少影迷。自己那么忙，怎么可能照顾到方方面面呢？"那天，李连杰成了成龙的"座上宾"。此后，他们成了一对挚友。

李连杰的剧组遭到骚扰，本与成龙无关，成龙也没有必要主动承担责任、俯首道歉。但面对已经产生的误会，"功夫之王"成龙深知通过沟通化解误会的必要，便主动邀请李连杰到自己家中，并诚恳地解释缘由、鞠躬道歉。这一躬感动了李连杰，相信也会感动每一位了解这段往事的世人。

成龙给我们这样的启示

1. 在人际沟通中，误会总是难免的，棘手的并不是误会本身，而是如何消除误会，化解矛盾。

2. 在功夫上，谁高谁低、谁比谁强，通过拳脚展露便可以分出胜负，但并不能解决问题；而只有真诚、宽容、理解和微笑才能走进人的内心，化解沟通难题。

3. 能主动担责的人，才是"大丈夫"，才是真正的"功夫之王"。

第Ⅱ讲

名嘴教练：

黄渤（影视明星）

技巧提炼：黄渤担责化指责

有一次，有观众反映，刚刚上映的国产片《致命请柬》，部分地区影院海报以演员黄渤作宣传，但一场电影看下来，观众发现黄渤根本没在该片中露脸。次日凌晨4点32分，黄渤在博客上说："闻我又多了一个新电影作品——《致命请柬》！看新闻说影院海报有我，而影片中没找到我，因此有观众觉得被欺骗，要求退票而起争执。为这部跟我压根没关系、我也没看过的电影，我还真得认真地道个歉！不想观众为我兴冲冲而来，最后却皱着眉头失望地走出影院"。黄渤最后表示，拿他"忽悠"也没事，把电影拍好也行，但令人愤怒的是，观众看完却觉得"浪费了近两个小时的生命"。黄渤的一席真诚道歉赢得了广大网友和粉丝的力挺。

黄渤是个实在人，就像他在每部电影中的卖力演出一样实在。黄渤得知自己"被主演"了新上映的国产片《致命请柬》时，凌晨赶写博文。首先，他把"被主演"归结为自己的"错误"，向因喜欢和信任黄渤而买票上当的观众和影迷致歉。在原本与黄渤无关的一场闹剧面前，黄渤也是受害者，而他却能站在观众和影迷的角度为他们考虑，这表现出黄渤宽广的胸怀和忠厚的品质。

黄渤给我们这样的启示

1. 在荣誉面前不揽功,在失败面前不推过,这是一种高尚的人生境界。即使因为误会或误解而使自己卷入矛盾漩涡,也不能坐视不管,及时澄清也是一种担当。

2. 不管是在职场还是家中,当一个人具备勇于担当的品质时,他一定是个有责任感的人。同时也是最能赢得人心,让人肃然起敬的人。

第Ⅲ讲

名嘴教练：
姚晨（影视红星）

技巧提炼：姚晨正人先正己

姚晨，凭借《武林外传》中的郭芙蓉，让大家记住了她的"排山倒海"，也记住了她的鲜明特色——大嘴。而在生活中，善于言谈的姚晨并不像郭芙蓉那么"老不正经"。但小脸儿、大嘴巴的她，却给人一股强烈的"排山倒海"之势。

姚晨对于盈利微博、假慈善等负面新闻直言不讳，有问必答。一次，记者问她："面对这些负面新闻，你如何摆正自己的心态呢？"

姚晨说："我认为，我首先是一个人，然后才是一名演员。演员是我的职业。我不会轻易被改变，所以我想对那些恶毒诅咒我未来生活的人说：我的生活是我的，不会因你的'操心'而改变，身正不怕影子斜。咱有这闲工夫，不如管好自己。你诅咒我，我唯有祝福你。祝福你的生活美好些，或许这样就能对他人友善些。"

姚晨以她那标志性的大笑，征服了亿万观众，在演艺圈坐定了"一姐"的位子。

用"人红是非多"来形容演员是再贴切不过的了，姚晨也不会例外。在质疑甚至是谩骂声频频出现的时候，姚晨没有退缩。姚晨能止住愤怒和悲伤，仍然报以祝福的心态，祝福指责自己的人会幸福。因为她相信，身正不怕影子斜。如此胸怀，令人敬佩。

正可谓"正人先正己，做事先做人"。自己做得正派，自然清者自清。

姚晨给我们这样的启示

1. 有的人穷其一生都在做一道证明题：证明自己的清白。到头来他们却忘记了，人生有很多的题目属于选择题。质疑便是其中一道：有的人拼命去解释，却被人认为"解释就是掩饰"；有的人则视而不见，坚持做快乐的自己。

2. 莲"出淤泥而不染"，是因为它明白"清者自清"。是自己的责任，赖也赖不掉；别人泼的脏水，会先溅其一身。自己的窗户是干净的，看别人的世界才会无痕。

名嘴交际技巧笔记

1. 不能担当的朋友，早晚会成为友谊的叛徒。看一个人值不值得深交，并不是他在顺境与成功时对你说了什么或做了什么，而在于他在困难与失败面前是否敢于战胜虚荣与懦弱，勇敢地承担起责任。

2. 敢于担责，就要敢于自我否定，自以为非。生活中，如果能更多地站在"自以为非"的角度上说话，不但不会丢份儿，反而会让自己的形象更加高大。

第 2 节 言语退让，不强争无谓的胜利

> **名嘴教练**　　窦文涛勇敢面对指责
> 　　　　　　　　林志玲不引人"顶牛"
> 　　　　　　　　周立波叫停"口水战"

在你身边的朋友里，有没有这样一个人：这种人本质并不坏，反而还让你觉得很直爽。而让你头疼的是，他们简直是刺猬，一遇到否定或负面的事情，他们都会竖起全身的尖刺，以备反击。这时候，他们的一贯表现是，说不得，也碰不得。

这个人有强烈的被害妄想症，所以，他们对任何对他有害的言论都会锱铢必较，针尖对麦芒，到最后必然是"鸡飞蛋打"。他们不懂得言语退让，他们的词典里没有"退一步海阔天空"这一说。他们不奢望人际关系能"双赢"，只是秉守"人不犯我我不犯人"的行为准则，孤独地与整个世界斗争。这种人是可悲的，也是可怜的。如果他们懂得"退一步海阔天空"，那么便不会树敌无数。

趁他们高兴的时候，趁你们还是朋友，告诉他们：适度的输，适度的包容和退让，就可以"让敌人变成朋友"！

第1讲

名嘴教练：
窦文涛（凤凰卫视著名主持人）

技巧提炼：窦文涛勇敢面对指责

窦文涛是香港凤凰卫视名嘴，因主持谈话类节目《锵锵三人行》而声名鹊起，该节目深受海内外广大观众喜爱。但也有这样的人，指着窦文涛的鼻子说："我觉得你不是那种正儿八经的主持人，刚开始的时候还行，后来觉得有点贫。"

窦文涛呵呵一笑道："我的名字就有点贫，从我第一天做这个节目，'贫'字就永远跟着我，我大概真是贫吧，但贫也是一种味道。有些人不喜欢，我想这是我的问题，是因为水平不够，如果水平够高，就能够让尽量多的人满意。我觉得我干这一行十几年了，是一个劳动改造的过程，就是劳改，不断的劳动、干活，不断地发现自己的问题，这样下一次就能改好一点。从这个意义上讲，我希望大家多给我提意见，尽管有些是我的水平还达不到的，但是能达到就尽量改。这样做对我有好处，那么就在这样的不断改进当中，努力让自己变得更好一些。"

面对有些人对自己"不是那种正儿八经的主持人""有点贫"的强烈质疑和指责，窦文涛并没有与对方锱铢必较，而是在言语上做了极力退让，坦言自己是"真贫"，并且进一步分析自己的问题源自"水平不够"，把无谓的胜利留给对方。然后话题陡然一转，从成长与进步的角度提出中肯意见，"希望大家多给我提意见"而且"努力让自己变得更好一些",态度谦逊,姿态低调、坦诚。

窦文涛给我们这样的启示

1. 不与人争一时之短长,把无谓的胜利留给对方,恰恰是为了赢得更长久的胜利。

2. 面对质疑,反责自己是一种绝妙的退让方式,可以让你赢得尊重。

3. 求和才能得和,露出针尖,迎来的往往就是麦芒。

第 II 讲

名嘴教练：
林志玲（著名演员，主持人）

技巧提炼：林志玲不引人"顶牛"

在中国台湾娱乐圈，林志玲是出了名的脾气好、情商高。曾有狗仔队跟踪她回家，她在家门口停下，转身对对方说："谢谢你们送我回家。"

媒体偷拍她走光的照片，她也会说道："感谢媒体一直提醒我以后要小心对待穿着。"

别人夸她会做人，她说道："那是因为我对负面的事情尽量淡然处之。哦，别误会，我不是鸵鸟，有建设性的批评，我会接受，但如果是漫无逻辑的诽谤，我就会视而不见。我一直告诉自己，要坚持做那个最简单的自己，无论是过去、现在还是将来。现在大家都疼爱我的时候，我更要和别人尽可能地亲近，不要让人有高高在上的感觉。"接着，她又讲道，"我觉得在什么环境都要能收能放，可是自己的想法还是要有，因为最了解自己的就是自己。如果希望作品好，就一定要把自己的想法表达出来，因为只有自己知道自己能做到什么程度、做什么效果最好。我觉得会做人，就是做自己。因为做自己，人家喜欢你、接受你，那才是真的。"

林志玲对于做人的一段论述，令人受益匪浅。对待他人、媒体，她尽可能地低调，即使是别人做了偷拍、诽谤这样的事，她也只是"视而不见"，优雅应对；而对待工作，她却一定要表达自己的想法，坚持真我，达到最好的效果。这两种看似矛盾的态度，却正是她"做自己"的方式：对他人满怀感恩、善意对待；对自己、对工作严格要求、真诚表达。这样的林志玲谁不喜欢？

前不久，有网友在网上发布了一个华语电影演技排行榜，有着"中国台湾第一美女"之称的林志玲竟然被评为零分。恰好这天林志玲要去参加所代言产品的的发布会，既定的活动程序走完后，在接受媒体采访时，有记者这样问道："在网友自评的华语电影演技排行榜中，你被评为零分，你对此有何看法？"林志玲听到这个让人颇为尴尬的问题，脸上先是表现出了微微讶异的神色，继而粲然一笑说："哦，是不是我名字中有个玲？我可没有多想！"一句话，下面的记者们不由得鼓起掌来。

虽然是网友自评的排行榜，不具备官方性，但仍引起了不少人的关注，会给林志玲造成一定的负面影响。更何况演技被评为零分，那是观众对她演技的不认可。记者哪壶不开提哪壶，林志玲并没有急于辩驳，而是别开生面地选择"零"与自己名字中的"玲"字谐音这一突破口，巧妙地用揣测的方式，表示网友们之所以那样评价自己的演技，全然是因为名字的缘故。这种答非所问的方式，既诙谐风趣，又精彩绝伦，自然能够获得别人的好评。

林志玲给我们这样的启示

1. 温柔就是力量。面对无理，以柔克刚，风度翩翩才是正道。

2. 对于无理取闹，答非所问的闪避回答，比锱铢必较的出言反击更智慧：一是保护了自己；二是反诘了他人，让滋事者"偷鸡不成蚀把米"。

3. 只有牛才会愚蠢地"顶牛"。"别和他一般见识"不只是别人劝你的话，也是一种高明的交际手腕。

第Ⅲ讲

名嘴教练：
周立波（"海派清口"创始人、著名主持人）

技巧提炼：
周立波叫停"口水战"

梳着小分头，穿着得体西装，脚蹬锃亮的皮鞋，用上海话夹杂普通话猛侃时事，这就是"海派清口"周立波。看过他节目的人，无不被他逗得前仰后合。但他的清口里，"笑果"仅是其表，哈哈一笑之后，发人深省的哲思才是内里。

周立波走红之后，他的模样甚至出现在了上海交通要道的广告牌上，一拨拨争议也接踵而来。有人说周立波是"拿社会热点开刀，拿民生痛处说事"，起初周立波随即"炸毛"，在微博上以粗口应对，引燃"口水战"。后来，周立波在"倒周"现象愈发严重时，恍然认识到自己的错误。面对公众的批评或是质疑，他不再"一点火就着"，而是反躬自省，结合批评查改自身不足，渐渐地，对他的指摘之声也由强到弱，渐趋于无。他说："一个能控制住不良情绪的人，比一个能拿下一座城堡的人更强大！人在愤怒那一个瞬间，智商是零，过一分钟后恢复正常。别轻易教别人应该如何，因为，你的应该不一定是别人的所以！做人要像走路，后脚抬，前脚放，能前行，知退让，能疾步如飞，能嘎然而止！"

有人说："听不得别人批评和建议的人是世界上最大的傻子。"周立波硬碰硬地消极对待"倒周"现象，反而令局势恶化。但很快，他结合自身，及时进行自省与言语退让，并且用自己的亲身体悟向我们阐述了一个人生哲理：人要善于控制自己的不良情绪，唯有如此，人生才能做到收放自如，进退自然。不要总是愤怒地去教训别人，把无谓的胜利让给对方。这样人生路上才会多些坦途。

周立波给我们这样的启示

1. 把无谓的胜利让给对方，对方才会把发自内心的赞同回馈与你。

2. 一个能控制住不良情绪的人，比一个能拿下一座城堡的人更强大！

3. 生活中的人和事，都能以"各打五十大板"来宣判，因为"一个巴掌拍不响"。即便当别人向我们挑衅，如果我们无视他，不用"针尖戳其麦芒"的方式来应对，就不会出现"鸡飞蛋打"。

名嘴交际技巧笔记

有时候我们自以为赢了，其实我们只是赢了"面子"，却输了"里子"！

1. 硬碰硬的下场肯定是两败俱伤。为了所谓的颜面坚决地予以反击，看似英雄，实则是英雄主义。

2. 不与无理者理论。因为久而久之，就不知道到底谁是无理者了。说话能收放自如的人，在交际中才能左右逢源。

3. 学会转移矛盾，比如答非所问、转移话题，或者将负面的话题往正面去引申解读。这样就可以减少人与人之间的隔阂。

第 3 节 自谦示人，做人要低调不张扬

> **名嘴教练**　　孙红雷谦言谈名利
> 　　　　　　　　李玉刚人红不遭嫉
> 　　　　　　　　章子怡虚心说感言

我们身边的不少人一开口说话，就好似喝高了：那口气，那牛气，高傲无比。这真是印证了"吹牛皮不上税"。所以，爱吹牛、说大话的人越来越多，反倒是谦虚低调的人越来越少。

"虚心竹有低头叶，傲骨梅无仰面花"。从心理学角度来看，当自己明显比别人强时，你在感情上还是要和大家在一起，这样别人不仅不会嫉妒你，还会认为你是靠自己的努力得来的优势。所以，在现实当中，当你拥有了优位时，说话千万不要骄傲自大、唯我独尊，而是应该谦逊有礼，让人不会心生妒忌之情。

第1讲

名嘴教练：

孙红雷（影视明星）

技巧提炼：孙红雷谦言谈名利

孙红雷早年凭借和赵宝刚合作的《永不瞑目》一炮走红，此后片约不断，多次出演硬汉形象。孙红雷从一个小配角到挑大梁的主角，逐渐成为知名的男演员之一。在影视表演外，孙红雷也是多才多艺，唱歌、跳舞都颇具水准，而且口才也十分了得。

一次，《三联生活周刊》的记者问孙红雷："每两三年中国电视剧都会有一位男演员作为领军人物，比如过去的陈道明、李幼斌。这两年是你，你想过盛极而衰这件事吗？"

孙红雷微微一笑说："演员不能耽于名利，早晚有一天，演员会年华老去。当然，观众会跟着演员一块老去。年轻观众当然要追求最时尚、前卫、好看的东西，这是一个不可逾越的客观规律。因此，我还是老老实实拍戏，要对得起每个角色。观众对我来说是最重要的，我演戏，观众看，这是最好的良性循环。追求表演艺术的完美永无止境。如果一个演员整天想着自己当红与否，他不会攀登到表演艺术的顶峰，何况我现在还在上坡阶段，要走的路还很长，只有不断努力才行，千万不能头脑一昏，觉得自己不错。"

孙红雷是近几年内地当红的男演员，无愧于"领军人物"的称号。面对记者的提问，孙红雷坦承不能想太多名利的事情。随着时光的流逝，观众的欣赏口味会变，老实拍戏给观众看才是良性循环。他直言"追求表演艺术的完美永无止境",表现出自己的脚踏实地。最后更谦逊地称自己"还是在上坡阶段""艺术之途的前路漫长",展露了自己的虚怀与气度。

孙红雷给我们这样的启示

1. 很多时候,我们做了一件很漂亮的事,那时,越是自吹自擂,越会令自己的形象受损;那些谦逊低调的话语,反而能为我们做的事锦上添花,让自己形象增色不少。

2. 谦逊合理地展现自身的才华,在令别人叹服的同时,注意克服自身骄矜之态,便能营造良好的人际关系。

3. 你优秀别人会羡慕,你若再高调炫耀,"羡慕"便会升级到"嫉妒、恨"。

第11讲

名嘴教练：

李玉刚（歌剧演员）

技巧提炼：李玉刚人红不遭嫉

2012年元宵晚会，李玉刚演唱了由周杰伦、方文山精心打造的《逐梦令》，获得空前成功，赢得了圈内外的一致好评。一次，一位同行非常羡慕地说："你最近可真红啊。"李玉刚却低调谦逊地说道："正如当初《星光大道》带我腾飞一样，《逐梦令》的成功，得力于巨星周杰伦开创的中国风，借力于方文山的超级人气。我个人能有今天成就，一方面得益于我们国粹的博大精深，有梅兰芳等老一辈大师的探索；另一方面，流行音乐的歌手们，做了很多成功的尝试。我不过是组合了这两方面，借用了两个领域里大师的精华而已。"李玉刚的谦逊，赢得了文化艺术界的普遍赞誉。

李玉刚事业如日中天，却不招致同行的嫉妒，原因就是得益于他的言辞谦逊。他将成功归功于外在因素，指出《逐梦令》的成功是因为两位巨星，而自己的成功，是因为在京剧和流行音乐两个领域，一直有人在进行的探索。这样的言辞，让想嫉妒他的人也嫉妒不起来，让他人在心理上获得平衡。

与人交谈，即使自己取得了非凡成就，也不可妄自尊大，突出自己的才学、天赋。而应该强调一些外在因素，淡化个人的才能。

李玉刚给我们这样的启示

1. 时常有人稍有名气就到处洋洋得意地自夸,喜欢被别人奉承,这些人迟早会吃亏的。所以一定要学会藏锋敛迹,千万不要把自己变成对方射击的靶子。

2. 嫉妒是人的本能,但只要说话得体,不张扬自己,就能够规避嫉妒带来的负能量,让自己轻装前进。

第Ⅲ讲

名嘴教练：

章子怡（影视明星）

技巧提炼：章子怡虚心感言

2013年11月23日，章子怡摘得第50届金马奖影后桂冠，至此，她成为华语百年电影史上第一位包揽中国电影金鸡奖、大众电影百花奖、香港电影金像奖、台湾电影金马奖、中国电影华表奖影后殊荣的女演员，即"大满贯影后"。

章子怡加盟湖南卫视《中国最强音》担任导师时，与那英坐镇的《中国好声音》打起了擂台。于是，两人纷纷被外界拿来比较。当天，二人先后亮相红毯，那英一出现就被媒体追问，对章子怡要当音乐节目的导师的看法。那英心直口快道："我也没有想通为什么会请章子怡，可能电视台希望她可以在选手的造型方面给出意见！"当问及那英"在《中国好声音》带出了冠军梁博，章子怡是否也能带出一个冠军"时，那英说："你当培养冠军那么容易呢！隔行如隔山，不是音乐专业的，做音乐导师很困难，压力也很大。"

当记者将那英的"隔行论"转述给章子怡时，她淡定地说："我知道今晚那英姐在，我原本就打算跟她好好取经，向她好好学习，学习怎样当一个好的音乐导师！"谈及参与录制《中国最强音》的感受，章子怡说："我可能不是很懂音乐，但是我觉得录制还是很顺利，做导师其实让我做回自己。"记者透露，近日有报道称，章子怡在首期录制中的表现不尽如人意，点评内容几乎与音乐无关，基本就是情感表达、服装衣着等方面。对此，章子怡自信回应："有质疑才能有进步。"

那英尽管句句实在，但让人听起来却不是那么舒服。章子怡并没有因为那英说话不留情面而感觉"掉价"，心里不快，而是诚心诚意表达了拜师学习的心愿，直言自己做导师的心态和想法。面对外界的质疑，她也没有脸红脖子粗地为自己争辩。

在交际中，越是名人，越不可时时处处把自己当能人，拿自己当盘菜，不容别人说话。章子怡面对种种挑战，极度延长自己的极限，不让虚荣心膨胀。真正的强者是包容的典范，章子怡的言行值得称赞。

章子怡给我们这样的启示

1. 在关公面前耍大刀，一是靠勇气，二是靠实力。而真正的智者，即便具备了勇气和实力，却仍然保持一副学生的样子，避其锋芒，不与人争，反而让关公高看三分。

2. 要想在人际关系上一帆风顺，我们就要学会放下自己的优越感，忘掉人我之异，谦逊低调地对待身边的人。不要为了证明自己，喋喋不休、自吹自擂。把优越感给别人，这样在别人得到优越感的同时，我们会得到更多的朋友。

名嘴交际技巧笔记

成功的第一个条件便是谦虚,谦虚会使人得到尊重。

1. 如果我们取得了成功,被鲜花和掌声包围,那么在我们说话时,不妨多说说自己的奋斗历程,多说说别人的支持和帮助,这样收获的一定是别人的钦佩和崇敬,会得到更多的掌声和鲜花,而很少会有嫉妒。

2. 面对别人的赞许恭贺,如果顺杆爬,爬得越高摔得越重,被人捧杀于无形。

第4节 自我解嘲，娱己悦人言语生辉

名嘴教练　　白岩松以趣解窘
　　　　　　　　李　咏幽默答辩
　　　　　　　　王小丫贬己娱人

面对人前的失误，我们常常会在自尊心的驱使下觉得尴尬，觉得难为情，觉得颜面扫地。这时，我们如果能自嘲一下，对自己的失误、不足、缺陷、丑处不遮遮掩掩、躲躲藏藏，反而把它们揭开、放大、引申、发挥，便能在自圆其说中博取一笑。生活中，当我们想要摆脱尴尬，活跃气氛，甚至是消解敌意的时候，都不妨用好"自嘲"这一妙招。

第1讲

名嘴教练：

白岩松（著名主持人）

技巧提炼：白岩松以趣解窘

一次接受采访时，节目现场放映了一段白岩松第一次主持《东方时空》时的画面。尽管主持人告诉大家"一定要做好心理准备"，但画面出来后还是引来了一片惊讶声和笑声。

只见当时的白岩松身形瘦削，而且身着一套不合身的西装，戴一副超大镜框的眼镜，很是"雷人"……

片花放完，白岩松几乎也被自己当年不堪回首的出镜形象"雷"倒了，但他仍然不忘幽默一把，自信满怀地自我调侃一番："我以为看的是喜剧呢，回头一看是恐怖片。那是我体重最惨的时候，110多斤，我现在160多斤，多了一袋子面。我觉得自己以前长得非常尖锐，现在长得善良多了，而且比以前好看多了。"

言毕，现场再次爆发出开心的笑声和雷鸣般的掌声。

在人际交往中遇到尴尬时，通常越是掩饰越适得其反，欲盖弥彰、越描越黑讲的就是这个道理。遇此情形，白岩松是怎么做的呢？尘封多年的"雷人形象"被当作猛料曝出，自然是既让观众感觉新鲜，又让白岩松感到尴尬。

白岩松的高明之处就在于，他不忘以趣解窘，幽自己一默，先说自己"以为看的是喜剧片呢，原来是恐怖片"，以此打趣自己当年那"不堪入目"的形象。接下来，他对比今昔，笑言自己增加的50斤体重为"多了一袋子面"，生动形象，让人忍俊不禁。他用"尖锐"和"善良"两个词汇描述自己以前和现在的长相，词语活用，幽默尽显，用风趣的话语打破了尴尬的局面，让观众在欢笑的同时，也钦佩于他勇于自嘲的豁达与爽朗。

白岩松给我们这样的启示

1. 在生活中，可能遇到一些突发事件，让你感到措手不及、生气动怒。难时，你不仅难以摆脱窘境，反而会陷入尴尬的境地。此时，如果你善用自嘲，就能巧妙地化解尴尬。

2. 自己的形象往往是自嘲的最好方式，比如体态的变化、或者明显的外貌特征。这样，你的形象会更突出、真实又富有喜感，让人有亲近感。

第 II 讲

名嘴教练：
李咏（著名主持人）

技巧提炼：李咏幽默答辩

经常看李咏节目的人都知道，李咏的脸在主持人队伍里很有特点：头发卷曲，脸长而窄，而且嘴大、眼小，可谓"很有个性"。虽然不能归到"丑星"的群落里，但也肯定不在美男的阵营中。但李咏也从不避讳自己脸长的特点。

一次，一位记者笑着问："你的脸到底多长，量过吗？"

李咏听了一脸坏笑道："今天早上的汗现在刚流到下巴！"

记者又问他："有没有想过换一个发型？"

李咏听了再次打趣自己道："想过呀，但头发又少又软，如何盖得过这长脸？"

俗话说，人不可貌相，海水不可斗量。但在生活中，总有些人以貌取人，这位记者的提问虽然谈不上恶意、有些开玩笑的意味，但对于一般人而言，这无异于"矬子面前说人矮"，是故意跟李咏"哪壶不开提哪壶"。

李咏的回答无疑是豁达和自信的，他在回答这两个问题时，干脆利落，先是故作夸张地说自己"今天早上的汗现在刚流到下巴"，来调侃自己的"长脸"；然后再虚实转化，笑言自己"头发又少又软，盖不过长脸"，幽默尽显。

李咏给我们这样的启示

1. 在一些公共场合，面对有人奚落你的某种缺陷，从而引起众人的哄笑和围观。对于这场闹剧，如果你想尽快结束而又不想委曲求全甘拜下风。不妨自嘲，这样既可以化解尴尬，亦可以避免冲突。

2. 有些无法改变，无力回天的东西，可以采用自嘲。比如天生的长相、无法改变的事实。自嘲会让你看似无奈，却很坦然，显示出你为人处世的大度和睿智。

第Ⅲ讲

名嘴教练：
王小丫（著名主持人）

技巧提炼：王小丫贬己娱人

央视著名主持人王小丫从四川大学经济系毕业后，在一家报社当了6年的经济记者，然后独自来到北京闯荡。

可能很多人会很佩服她离开报社、一个人闯荡京城的勇气，她却说："我的每次选择都是被推到前面的，而不是我主动改变的。很多时候，我属于那种被牵着鼻子或推着走的人。其实不是我主动想这样做，而是当时报社经营不景气，基本快要垮了，老总告诉我们要自谋生路。我刚开始很怕丢了工作，心里很烦，精神上也很疲惫。后来索性就把这次遭遇当作一次机会吧，干脆主动出击。"

在一场全国性的律师辩论大赛中，王小丫前去采访一位著名的大律师。走到律师跟前，王小丫很自然地坐了下去，没想到椅子没放好，"噌"的一下，一屁股坐到地上去了，顿时全场哄堂大笑。最可恶的是，她要采访的那位律师非但不去扶一把，反而在旁边哈哈大笑，还笑得最响。王小丫爬起来，调侃说："我摔得太不漂亮了，下次再摔我一定要注意姿势。"接着，她若无其事地笑着开始了采访。

王小丫从四川跳槽到北京，今天看来无疑是成功的，当别人给她冠以"有勇气"的高帽时，王小丫坦率地说出了自己当时的迷茫、无奈以及忧心，十分真实。正是这些，瞬间拉近了她与观众的距离。

而在众目睽睽下跌倒时可以有很多种选择：喜笑颜开自然是太难，又太假；愁眉苦脸则于事无补，徒增笑料；王小丫的自我嘲笑应该是一种比较优雅和聪明的选择。

王小丫给我们这样的启示

1. 有时候，承认自己的不足和劣势需要很大的勇气，特别怕因此有损颜面，但如果采用自嘲的方式，就显得轻松多了。

2. 在人前出丑是每个人都不愿经历的尴尬，但是一味地心急赌气，反而会把紧张的情绪弄得更加紧张，给自己和别人带来负面情绪。此时不妨从容应对，用自嘲来对付窘境，舒缓紧张的气氛，使得满场欢笑，让人与人之间的沟通更加顺畅。

名嘴交际技巧笔记

在运用自嘲时，我们应该注意哪些问题？

1. 首先我们应该明白，自嘲只不过是一种辅助性的语言技巧，它是一种用来扭负为正，貌似消极，实为积极的表达手段；如果说话者破罐子破摔，会让人觉得这个人嬉皮笑脸、不自爱，已经无可救药了。

2. 自嘲是拿自己开涮，不能节外生枝，把别人拉进嘲弄之中。

第5节 甘当绿叶，让别人拥有自豪感

名嘴教练　　于　谦甘心"受挤兑"
　　　　　　　　岳云鹏甘做"白菜根"
　　　　　　　　吴孟达练就"黄金配角"

在姐姐的婚礼上，新人发完言，走上一个姐姐的大学同学，要唱歌为他们祝福。多么锦上添花的事儿，结果她自我陶醉地在舞台上转来转去，长长的主歌、副歌都唱完了，还又重复了一遍。好不容易唱完了，她说："今天我们一定要嗨到底，大家都去KTV嗨歌……"就见姐姐、姐夫两人很无辜地站在台子一角发呆，都不知道是谁在结婚。

一个人能当主角固然好，但生活中还是配角多。著名诗人、文艺理论家冯雪峰有句家训：昂着头出征，夹着尾巴回家，是庸鸷而又好战的人的常态。他用这句话叮嘱子女：在任何时候、任何情况下，永远站好自己的位置、演好自己的角色。该你唱主角的时候你就唱，该你扮配角的时候你就扮。而在现实生活中，不乏好表现的人，做些喧宾夺主的事情。这样的行为要么给当事人添堵添乱，要么让自己深陷麻烦。

第1讲

名嘴教练：
　　　　于谦（著名相声演员）

技巧提炼：于谦甘心"受挤兑"

于谦自2002年与郭德纲合作表演相声至今，成为郭德纲公认的黄金搭档。

在一次采访中记者问他："很多人都说，没有你捧哏，郭德纲说不了那么好。作为捧哏演员，怎么才能做到不抢戏，自己又有戏呢？"

于谦说："不敢那么说。我总觉得捧哏的出戏不重要，出彩不重要，从你这儿出笑料更不重要——当然不重要不见得是没有。怎么才能"有"呢？就是把你的基本工作完成以后再锦上添花。你的基本工作是什么？就是要尽最大的努力辅助逗哏演员，把他要说的东西尽量跟观众阐述明白，让他做到最好。"

记者又问："同样站在台上，相同的段子，相同的观众，基本相同的付出，可是逗哏和捧哏所获得的掌声是不同的。郭德纲在相声里说'谢谢大家给我一个人的掌声'，那是玩笑，可现实中有时确实如此。"

于谦答道："说相声，捧哏的是绿叶，逗哏的是红花，红花没有绿叶不太好看，绿叶失去红花就什么都不是。这就是合作关系。当捧哏的之前，要不考虑好了，干不了这行——所以这首先是心态的问题。你要甘心做这个绿叶，甘心在台上——就像观众说的那样"受挤兑"，这一切都要能忍。把这个想清楚了，什么都无所谓了。"

德云社之所以能在相声界风生水起，不仅仅是因为它迎合了大众的口味，更重要的是德云社里藏龙卧虎，有霸气不倒的郭德纲冲锋在前，有甘当绿叶的于谦守着台柱。有不少媒体人曾这样评价郭德纲与于谦的合作：嘴不饶人的"非著名相声演员"郭德纲与老挨挤兑的"受气包"于谦，这也许是德云社"黄金搭档"长盛不衰的秘诀。但不难看出，于谦在台前幕后确实也当了郭德纲这朵怒放"红花"的"绿叶"。对于这样的看法，于谦却谦虚地说"一个称职的演员，就是要把自己的基本工作完成并锦上添花。"显现了他的宽阔胸襟。于谦甘心把掌声"送给"郭德纲，自己则默默地扮演绿叶。正是他这样甘心"受挤兑"，才换来了德云社的精彩纷呈。"谦谦君子"于谦的一段话，表现出他宽广的胸怀和平衡的心态。

于谦给我们这样的启示

1. 角色的不同致使每个人的任务也不同，做不好自己的本职工作，就讨不来半点掌声。

2. 当下流行一句话：我的地盘我做主！但有的人不在自己的地盘也要做主。人都希望得到别人的尊重，但赢得尊重不是看谁表现得多。抢了主角的戏，演砸了整场剧，最后还是一出闹剧。

第11讲

名嘴教练：
岳云鹏（著名相声演员）

技巧提炼：岳云鹏甘做"白菜根"

岳云鹏14岁就当"北漂"，最开始在石景山一家工厂看大门，后来学过电焊，在饭馆刷过碗，当过服务员。2004年，郭德纲去吃饭时看上了岳云鹏，说了声"跟我干吧"。那时郭德纲没名气，岳云鹏也不认识他，连《报菜名》都不知道，就跟他在小剧场干杂活。"师父管吃、喝，师娘一星期给一百元。"为了练习说普通话，岳云鹏曾经在大冬天站在室外，拿着《法制晚报》大声念。在小剧场打杂时，他看人表演，刻苦练功。

2005年，岳云鹏首次登台，天桥茶馆，说的是一段《杂学唱》，15分钟的作品，3分钟就下来了。他说："我下来就哭了。此后半年多师父不让我上台表演。"岳云鹏还透露，当时有老先生和其他演员向师父建议劝退我，说我不是这块料。师父说，'我就是让他给我扫地，也不让他走。'这句话我会记一辈子的。"

后来岳云鹏终于混出个摸样来，成了德云社的角儿，在"云"字辈中的徒弟中，何云伟、曹云金等多名优秀弟子都相继离开了德云社，自己出来单干。有一次，有人建议已经成名的岳云鹏也出来单干。岳云鹏回答说："别一看师傅赚钱了，我就要怎么样。德云社就像一盅佛跳墙，师傅郭德纲是海参、鲍鱼，我是旁边的白菜。有人不爱吃海参、鲍鱼，就爱吃白菜心。可约朋友吃饭，怎么说？吃白菜心去？不对，去吃佛跳墙。虽然海参、鲍鱼他没动，但他是打着这个名义去的。道理一样，我是白菜心，可没有这海参、鲍鱼，大伙儿可能就不会来了，没有人会单独来吃白菜心。"

岳云鹏的成长过程充满着艰辛，功成名就之后，一些师兄弟出去"单飞"。岳云鹏却始终怀着一颗感恩的心留在师傅身边，甘当一棵"白菜"，语言谦逊低调，将自己的位置摆得不能再低。这种甘当配角、不离不弃的精神，彰显了他做人的原则，令人赞赏。

岳云鹏给我们这样的启示

1. 过河拆桥不但是一种短视行为，而且无异于把自己逼上绝路。这是一个人道德的瑕疵。这样的人不会受欢迎，也难有大出息！

2. 看到别人成功，不要心生艳羡，急于求成。嫉妒如果不能给你带去刺激性的动力，那么被高估的自己只会是虚高，反而会摔得更惨。

第Ⅲ讲

名嘴教练：

吴孟达（著名演员）

技巧提炼：吴孟达练就"黄金配角"

吴孟达虽然是香港著名实力派影视演员，但他始终是演技精湛的"金牌配角"；在他的演艺生涯里曾三度获选香港电影金像奖最佳男配角奖、中国台湾电视金钟奖最佳男配角奖、两届中国台湾电影金马奖最佳男配角奖。他被称为华语影坛片酬最高的"黄金配角"。

在一次访谈节目中，主持人问吴孟达："一部电影观众很容易记住主角，配角往往都是一晃而过，而你却成为香港电影的头号男配角。你是怎么当好配角的呢？"

吴孟达回答说："我的角色主要就是配料，比如主演是条鱼，而我就得想着加什么材料能把鱼做得最美味。至于怎么做配料，我会根据不同的鱼下不同的料。像刘德华，他演的形象很正面，我跟他配戏，就要收敛一些。周星驰则不同，他的戏需要观众笑，我就会在一旁夸张地烘托气氛，让观众笑起来。"

每个人都渴望被人重视。艺人更期待众星捧月，将自己的魅力尽情绽放在镁光灯下。面对主持人的提问，身为"黄金配角"的吴孟达没有夸夸其谈，而是开门见山地给出了答案：做配角的主要任务就如同配料。看似简单的答案，却一针见血地道明了配角在影片中的地位，让人恍然大悟。为了表达得更清楚,他还分别把主演和配角比作鱼和配料,用形象生动的比喻阐释了二者的关系,进而让"配角处于从属地位,配角的存在是为了更好的烘托主角"这一潜在寓意不言自明。最后,他以自身为例,说明了和刘德华配戏与和周星驰配戏的不同,强有力的说明、恰当的表述让人不得不感叹吴孟达对配角这一职业的透彻理解。

吴孟达给我们这样的启示

1. 当好配角,除了要有宽广的胸怀,还要有过硬的本领,打铁还需自身硬。吴孟达之所以能成为华语影片中最贵的配角,他在自己的角色上下的苦工夫肯定不止于配角。

2. 自知而明,一个不自知的人,无法找到真实的自己,也无法最大限度地挖掘自我,同样也会失去大放异彩的最佳时机。

名嘴交际技巧笔记

我们中的大多数人都不可能有一夜长大的神话,都是要经历风雨才能看见彩虹。做配角就应该乐于做一棵小草,甘于平凡却心怀坚强。

在交际中,要时常用以下准则去反省自我:①代人达意,给人添堵;②喧宾夺主,盖人风头;③慷人之慨,乱送人情;④越俎代庖,夺人心意。

这些行为都逾越了配角权限,有可能给别人带来麻烦或是伤害,也是你朋友圈人气不旺的主要原因。

第6节 成事不说,做事不能轻言批评

> **名嘴教练**　　刘　墉责己恕人
> 　　　　　　　梁凤仪揽过于己
> 　　　　　　　高建群自愈伤痕

世界上最难买的药是"后悔药",世界上最烦的人又是谁呢?对,是"马后炮"!

这个人讨厌在哪里?事前不吱声,事后说不完。特别是在你到处找地洞钻进去的时候,他们却开始以"师者"的身份,对你批评来批评去。

孔子他老人家都明说了:"成事不说,遂事不谏,既往不咎。"既然事情已经过去了,没有多大的过错就不要再说人家。为什么我们的事已成定局,这些人还要唠叨不休,批评没完?

这既是不智之举,也有损人际关系,所以我们要有成事不说的智慧和雅量。

第1讲

名嘴教练：

刘墉（著名作家）

技巧提炼：刘墉责己恕人

一天，著名作家刘墉电话叫了出租车，对方回应"马上就到"。刘墉在门前守候，眼瞅一辆出租车空驶而过，显然是没记清地址。他心急火燎地等了一会，才见那辆车从驶过的方向匆匆开回来。司机一见面就赶紧道歉："路上堵车所以迟到了，请您谅解。"

刘墉却按捺不住心中怒火，斥道："算了吧，刚才我眼巴巴地看你从我面前驶过，明明是你没有认清路！你迟到不说，还撒谎，我要投诉你！"司机面红耳赤，极其难堪。在车上，刘墉忽然想起了几年前发生在自己身上的一件事：他曾经连续几年利用寒暑假期，专程从美国飞到中国台湾，为国画大师黄君璧先生撰写一本《画论》。黄先生是个一丝不苟的人，成书前，每张画在分色打样出来时，他都要亲笔签名才算过关，稍微有一点偏色，就会被退回去重做。当整本书都印装好后，刘墉拿起一看却吓了一跳，只见封面上把黄君璧的"黄"字切掉了半个！刘墉当时心想："完了，非重印不可！"可拿给黄先生时，他看了一眼却说："可以啦！"刘墉心里很忐忑，就小心地指给先生看，还没等刘墉开口，九十多岁的黄老先生却摆手说道："印都印好了，还讲什么，就这样吧！"

刘墉的情绪渐渐平息，看着司机满头大汗的样子，不禁为刚才的刻薄懊悔，就换了语气说道："别急，迟就迟了，反正我也就是去参加聚餐，慢点开也没关系，安全重要。"司机听后感动不已，下车后坚持不收他的车费。

刚开始，刘墉对司机的失误不仅没做到成事不说，还对其穷追猛打，既揭了短又撕了脸，也是一种自我形象的毁灭。好在他很快便认识到了失当之处，及时补救，用温言暖语去抚慰司机受伤的心，实现了"宾主尽欢"。

如果我们能够明白"成事不说"的道理，在小小过错面前想想别人的处境，忍耐自己的不便与不悦，非但不苛责，还主动减轻对方的心情负担。这样的讲话方式又何尝不是在"积口德"？

刘墉给我们这样的启示

1. "成事不说"是一个人成熟的标志。将那些已经既成事实的事抓住不放，对其惋惜、后悔、抱怨，对当事人批评、苛责，都是无济于事的，最后耽误了很多宝贵的时间。不如得理饶人，放人一过，减轻对方的心理负担。

2. 交际中有多少人喜欢揭人伤疤，热衷提些陈芝麻烂谷子的事儿，用尖锐语言去戳弄对方痛苦的心，非逼人家把肠子悔青不可，而像黄君璧、刘墉这样的君子风范着实令人景仰。

第Ⅱ讲

名嘴教练：
梁凤仪（著名作家）

> 技巧提炼：梁凤仪揽过于己

有一次，香港著名财经作家、企业家梁凤仪发现有一个部门负责的工作做砸了。而且，这个错误其实是不应该犯的。部门主管认错态度很好，说："这都是我的疏忽，给公司带来了麻烦和影响。我马上向对方道歉，请他们谅解。"然而，梁凤仪却说："没关系，责任在我，道歉那些事情应该由我去做，你就不用管了。"在场的人听了，都感到很不理解：这明明是下属犯的错，为什么梁凤仪要"背黑锅"，独自把它揽下来呢？对此，梁凤仪解释说："错误虽然不是由我本人的失误或疏忽造成的，但是，我身居高位，就有责任承担所有因下属过错而产生的后果。"那位主管听了很是感动，他当即表示：以后一定要用心工作，再也不让梁凤仪承受"不白之冤"了。

随后，梁凤仪找到合作伙伴，非常真诚地向他们道歉说："对不起，我们公司没有完成好应有的项目和合同，这个责任全在我，请你们原谅。"合作伙伴听了，先是一愣，然后赞赏地对梁凤仪说："其实，我们知道责任并不在你，你的担当和魄力让我们很佩服。"很快，双方在相当融洽的气氛下，重新达成了合作协议。

下属既然已经犯了错，再去大发雷霆、批评斥责也于事无补，反倒有可能激起对方的逆反心理，使事情向更加糟糕的境地发展。梁凤仪成事不说，立刻将过错揽到自己头上，表现了可敬的大度和宽容，不仅让犯错的下属感动、惭愧，决计将功补过，也让旁观者领略到了她的人格魅力，从而更加信服于她，这实在是一种睿智和豁达。

梁凤仪给我们这样的启示

1. 对于别人的冒犯和错误，主动担责、揽过于己的做法，常常要比疾言厉色的批评有力、有效得多。用体贴、理解的话语去主动担责并不会让你失去什么，反而会很好地树立威信，赢得友谊。

2. 揽过于己是人际交往中一种可贵的担当，更是一个人成熟、睿智的表现。一位善于推功揽过的领导，能以其睿智和善德鼓舞士气、凝聚人心。

3. 当错误已成事实，让损失降至最低的做法是：制止不良问题的蔓延；再接着是鼓舞士气，扭转局面。担责揽过无疑可以减少中间环节，直接而给力。

第Ⅲ讲

名嘴教练：

高建群（著名作家）

技巧提炼：高建群自愈伤痕

高建群是著名的作家，是"陕军东征"的"三驾马车"之一。同时，他还是一位优秀的书法家和画家。

高建群曾经有一位交往甚笃的朋友，二人无话不谈。他甚至把刚写出来的手稿交给对方看，谁知这位朋友竟然把他告上了法庭，状告他的著作侵权。这场突如其来的官司带给高建群的是友谊的破灭和信任的流失，他甚至面对着众人在法庭上泪流满面地质问对方："打倒我真的就对你这样重要吗？"

这件事情的伤痕慢慢平复以后，没想到二人竟然会在一次采风活动中相遇。面对接待他们的领导，高建群主动介绍对方是自己很要好的朋友，并恳请领导多多关照。他的这个举动遭到很多人的不理解，特别是经历过那场官司的人。

可高建群却说："其实这是为了我自己，为了我的心态安宁，为了自己走向那种自我到无我的完善。责人不如恕人！"这番话说得朋友们连连点头，那位中伤过他的朋友，不但重新和他建立起了亲密的关系，而且以后再也没有做过对不起他的事情。

"忘记别人给予你的所有不愉快，记住别人给予你的哪怕一丁点儿好处"，这是一位名人说过的话。确实如此，在人与人的交往中，一个拥有社会责任心的人也必然拥有悲天悯人之心，责人不如恕人，才能达到最高的境界，让人生光明磊落，让心境洒脱平和，让别人心生佩服，自觉地站到你的身边来。

反之，如果一味睚眦必报，心中长存怨恨，甚至是置对方于死地而后快，只会让更多的人敬而远之。

高建群给我们这样的启示

1. 成事不说，多说无益。对别人的错误指指点点，总归是站着说话不腰疼。如果我们换位思考，就更能懂得对方在失误时的心情。

2. 古训说：我有负于人不可忘也；人有负于我，不可不忘也。人与人相处，伤害与被伤害在所难免。交际受阻，怨气成结，也是宜解不宜结。

3. 面对别人的错误，宽恕能使当事人双方重新开始建立新的关系。成事不说，可使双方关系出现新的可能与机会。

名嘴交际技巧笔记

对已经发生又无力挽回的事或不慎做错又无伤大雅的事,更要学会忍耐自己的不悦或不快,努力接受由此带来的不便与不适。

1. 成事不说,不去指责也不必穷究,因为与其怨天尤人、喋喋不休,不如把更多的精力用在做好下一件事情上。

2. 在与别人出现冲突之后,我们应当主动地求和。首先提出和解的人并不是弱者。主动寻求和解的人看似交出了主动权,事实上得到了对方发自心底的尊重和认可。

3. 用同理心去体味别人的过失,我们就不会对别人锱铢必较了。原谅就是最好的批评!

第7节 智语应对,谈笑间灰飞烟灭

> **名嘴教练**　　韩庚模糊应对
> 　　　　　　　　那英自嘲心虚
> 　　　　　　　　比伯从善如流

　　生活中,我们经常会遇到这种情况:两人聊天或者理论,但说着说着就说不下去了。轻则拂袖而去,重则大打出手。这是为什么呢?显然是因为某些话语,刺激了对方的敏感神经,引起了对方的反感。

　　或者,常有人心怀叵测或有意探询,由此出言不恭甚至让人下不了台。遇到这种棘手难题,更需听者掌握机智的交际口才,以智慧之语巧妙化解,使彼此在谈笑间让尴尬与窘迫灰飞烟灭,影去无踪。

第1讲

名嘴教练：

韩庚（流行歌手）

技巧提炼：韩庚模糊应对

　　韩庚，2005年以Super Junior组合中唯一的中国籍成员出道。作为第一个在韩国出道的中国艺人，韩庚一直备受国人关注。现在的韩庚，已经是集歌手、演员、舞者、商人于一身的多栖明星。

　　早前几年，韩庚回国做宣传，有记者问他："你觉得中国歌迷和韩国歌迷有什么不一样？"

　　韩庚说："其实歌迷都是为了支持自己喜欢的歌手，愿意为他做很多事情，心情都是一样的。韩国与中国歌迷没有什么太大的不同，只是中国的歌迷可以和我更方便地用汉语交谈；韩国的歌迷朋友呢，我们则用韩语沟通。"

　　记者："听说你在国内的学校就被很多女孩子追，在韩国还有女歌迷把红内裤作为礼物送给你。那么在找女朋友时，你比较喜欢中国女孩还是韩国女孩？"

　　韩庚："其实我并没有规定自己必须要找韩国女孩还是中国女孩。只要两个人在一起很开心，生活很合适，自己有感觉就可以，而且必须要孝顺、心地善良。"

　　面对记者连续发射的两枚"问号弹"——"中国歌迷和韩国歌迷有何不同""比较喜欢中国姑娘还是韩国姑娘"这样看似平淡实则暗藏陷阱的两难问题，韩庚的回答无论倾向哪一方都会使自己陷入窘境。聪明的韩庚充分发挥了他的口才，采取避重就轻、模糊应对的方法。避其锋芒，分别从语言和感觉这两个方面作答，有异有同且干净利落。既礼貌地回答了记者的问题，又巧妙地表达了自己的世界观、爱情观，可谓滴水不漏！

韩庚给我们这样的启示

1. 在我们日常的交际生活中，在某些特定场合，把话说得太直太透，可能会引起对方不满，或对自己产生不利影响，但又不能不表达。有意无意地运用一些模糊语言，能够使话语更加委婉、含蓄，加强语言表达的灵活性，提高语言的表达效率。

2. 有时候既然不方便直言，不妨让话语打下"擦边球"。

3. 对两种不同人或事进行评价的时候，少不了对当事人双方评价一番。为避免给任何一方造成评价不公，不应该贬低一方而抬高另一方，要褒贬相宜，可以模糊比较。

第 ΙΙ 讲

名嘴教练：

那英（歌手）

技巧提炼：那英自嘲心虚

大型音乐选秀节目《中国好声音》自开播以来，就赢得了亿万观众。而在评委当中，那英是唯一一个四届"连坐"的导师，而且带出了三届冠军，足见其功力深厚。

尽管如此，还是有人会质疑："是不是冠军一定要是那英战队的？有什么黑幕吗？"

带徒征战并再度称冠的那英难掩喜悦："心好虚啊，我都怕这三位老师打死我！我们每天都要在一起，也看得到他们的努力。我一直告诉自己，低调、低调、再低调，都是幸福给我给的太多了。但我还是佩服我这个敏锐的耳朵，还有感谢三位老师给我的意见。三位老师都比我优秀，但谁让我运气好呢？"

生活中，我们难免遭遇人们这样或那样的质疑和不理解。如果消极对待，置之不理、躲躲闪闪，就容易招致更多的质疑，让人怀疑有"猫腻"；如果能够积极回应，善于正面回应，就一定能释疑解惑，澄清事实，更好地获得人们的理解、信任和支持。

那英毫不掩饰自己，直面质疑。她自嘲"心好虚"，是因为她见证了其他导师的努力与付出，这是她对他们的认同与钦佩，也是一种安慰；她自谦"运气好"，是因为赛场如战场，除了本事过硬，还需要机遇，这是对成功的一种感恩与对自我的清醒认知。

那英的这番话，从容自如，正面出击，客观回答，无懈可击。

那英给我们这样的启示

1. 你永远做不了别人嘴巴的主人,但是你可以控制自己的情绪。只有做自己思行的主人,才能把握自己的人生。

2. 外界质疑未必是坏事。你越是不怕质疑,越是直面问题,越是坦荡,就越能得到理解;越是担当,就越能赢得信任。

第Ⅲ讲

名嘴教练： 比伯（流行歌手）

技巧提炼：比伯从善如流

贾斯廷·比伯1994年出生于加拿大，爱好音乐的他自幼开始自学钢琴、吉他、架子鼓。2007年年底，他和母亲开始把自制演唱视频上传至视频网站，由此结识了著名流行歌手亚瑟小子。亚瑟小子成为他在音乐领域的引路人。他在比伯的音乐录影中客串演出，并为其首张个人专辑献唱，为这位徒弟提升人气。

比伯一夜成名，成为全球青少年膜拜的偶像。花儿为什么这样红？一次，记者问他："你以谁为榜样？"

"当然是亚瑟小子。"

"如果从阴谋论的角度出发，师傅与徒弟惺惺相惜会被人们指为相互炒作，说你是借着'亚瑟小子徒弟'的名义上位，亚瑟小子是借着你的走红来带旺自己已经颓势的音乐事业。你怎么看？"

比伯不慌不忙，见招拆招："这不公平，为什么不从人性本善的角度出发？我和亚瑟小子有着极为相似的成长经历：单亲家庭，生活捉襟见肘，离乡背井只为最终圆梦……我们彼此觉得十分亲切，一见如故、惺惺相惜便是最自然不过的事了吧。"

记者从阴谋论的角度故意设置难题，将师徒二人在"星途"上的相扶相携揣测为名利上的相互利用，使二者产生对立，问题够狠、够辛辣。但可别以为人家比伯年少无知，他跳出对方设置的思维圈套，以"善"为主基调，

第7节 智语应对，谈笑间灰飞烟灭

细数两者之间的相似之处，晓之以理、动之以情，反应机敏，答词机巧，三言两语便戳破了对方的"阴谋"。可谓人小鬼大，口舌了得。

很多人不理解，为什么比伯会这么红？也许听到他的这段回答，就能够知道略知一二——会唱歌、遇贵人、有智慧、懂口才，想不红都难！

比伯给我们这样的启示

1. 对于别人不能接受的意见，与之交流的口气可以委婉些，但态度绝不能含糊。一定要表明自己的态度，以防那些别有用心的人借题发挥，留下把柄。

2. 与人交流沟通，"说"很重要，"听"更重要，要能够听出对方的真实意图。否则，只顾着自我表达，会被人带进问话的陷阱，而自己却浑然不知。

3. 对一个人的感情要心口如一，不能经人一说，对朋友的认识也判若两人。特别是遇到别人的离间时，一定不要做有罪推定。首先要相信朋友，即便怀疑，也不要过早下定论，等事情水落石出再做定论也不迟。

名嘴交际技巧笔记

与人交往，与其计较得失，不如看看自己做了哪些。

1. 交到挚友的前提永远只有一个，那就是对朋友交心。

2. 你平和，世界便平和。不要因为别人的一句话，而忘记朋友的一万句话。遇到敏感问题，首先要心态平和，对友情自信，对朋友信任。

3. 不能以别人对你的态度来选择朋友圈，如果只选支持或赞扬你的人做朋友，那么你的圈子会越来越小。